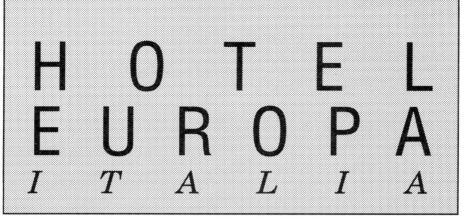

Rossana McKeane • Margaret Powell

Series editors: Marianne Howarth and Michael Woodhall

Hodder & Stoughton
LONDON SYDNEY AUCKLAND

The **Hotel Europa** series consists of the following components:

Hotel Europa France
Student's Book	0 340 54697 2
Support Book/Cassette Set Pack	0 340 54698 0
Photocopiable Resource Pack	0 340 56851 8
Multimedia CD-ROM	0 340 58391 6

Hotel Europa Deutschland
Student's Book	0 340 54245 4
Support Book/Cassette Set Pack	0 340 54247 0
Photocopiable Resource Pack	0 340 56852 6
Multimedia CD-ROM	0 340 58392 4

Hotel Europa España
Student's Book	0 340 54700 6
Support Book/Cassette Set Pack	0 340 54701 4
Photocopiable Resource Pack	0 340 56853 4
Multimedia CD-ROM	0 340 58393 2

Hotel Europa Italia
Student's Book	0 340 57549 2
Support Book/Cassette Set Pack	0 340 57548 4
Multimedia CD-ROM	0 340 58394 0

British Library Cataloguing in Publication Data
Powell, Margaret
  Hotel Europa Italia: Business Italian for Beginners
  I. Title   II. McKeane, Rossana
  458

  ISBN 0–340–57549–2

First published 1993

Typeset by Wearset, Boldon, Tyne and Wear.
Printed in Great Britain for the educational publishing division of Hodder & Stoughton Ltd, Mill Road, Dunton Green, Sevenoaks, Kent by Thomson Litho Ltd, East Kilbride

Contents

The *Hotel Europa* series

Business languages for beginners

Learning a language for business purposes has taken on a new lease of life in the 1990s. The Single European Market and the Channel Tunnel have brought with them a host of new opportunities for British business people to work with their partners from abroad on many different kinds of projects. These include the traditional areas of exporting, such as working with an agent or a subsidiary company, but new scenarios are important too. Joint ventures and projects, work placements abroad and job exchanges are all growing in number. As a result, more and more business people are recognising the need to develop proficiency in a foreign language as an important business tool.

In education too, there has been a growth in the number of courses featuring a business language component. In higher education, the new universities have led the way in offering institution-wide language programmes, enabling undergraduates in all disciplines to acquire competence in a foreign language in addition to their main course of study. Likewise, there is an increasing number of degrees provided jointly with European partner institutions, some leading to dual qualifications. In short, there is a wide range of language learning opportunities both for the business community of today as well as for the business people of tomorrow.

The *Hotel Europa* series originates from this background. The series acknowledges the need language teachers have for course materials with a business focus. Designed for classroom use with beginners or near-beginners, the series aims to provide authentic business situations, relevant to a wide range of industries, products and services. By setting the series in the functions and special events office of a hotel, we provide a business scenario which is accessible to anyone using the course, teacher or learner, whatever their own business background.

With the publication of *Hotel Europa Italia*, the series now comprises the following courses:

- *Hotel Europa France*
- *Hotel Europa Deutschland*
- *Hotel Europa España*
- *Hotel Europa Italia*.

Each coursebook is complemented by a support pack consisting of two C60 cassettes and a booklet containing the cassette transcripts and key to exercises. Other elements in the *Hotel Europa* series are the Resource Packs and CD-ROMs, full details of which are available from the publishers.

As Series Editors with extensive experience of working together to design and deliver courses tailored to the needs of the business community, we should like to have this opportunity of thanking our clients and colleagues for their help in shaping the *Hotel Europa* series. The range of business situations and language featured in the series is based entirely on the expertise we have been able to develop in this area through our contact with them. We are pleased to be able to pass it on for the benefit of others.

Marianne Howarth
Department of Modern Languages
The Nottingham Trent University

Michael Woodhall
International Programmes
Bournemouth University

Introduction

Hotel Europa is a course in business Italian designed for beginners and for those who have some knowledge of basic Italian which they wish, or need, to convert to the language of business. The course is intended principally for classroom use. Used as a course book in a regular weekly class, it will take approximately one year to complete the ten chapters. The content can also provide the basis for a two-year BTEC, or similar, course. Those with some prior knowledge of Italian or those attending an intensive course may be able to complete all the chapters in a shorter time.

No course book for beginners can cover the whole range of business expertise, situations, industries, products and services the business person might expect to encounter in the course of a normal working life. In *Hotel Europa Italia* we feature situations with which all business people are familiar: introductions, making contact, meetings, negotiating and so on. The language functions and the business vocabulary presented in the course are appropriate to these general business situations. The creation of a set of identifiable characters who feature throughout the book facilitates the presentation of the language and offers some insight into working relationships in an Italian context.

Successful communication with speakers of Italian is our main priority. We would like to encourage learners to 'have a go' at understanding and making oneself understood without worrying unduly about grammatical accuracy, however desirable. In real life, and particularly in the business world, the willingness to communicate in the other person's language, albeit imperfectly, goes a long way towards establishing and cementing good relationships and demonstrates great courtesy.

Successful language learning is dependent on maximum exposure to the spoken language. Listening practice is provided through the 40 dialogues and exercises which are recorded on the audio cassettes. Those new to the Italian language will be pleasantly surprised to discover many similarities in English and Italian vocabulary, such as in the Italian words *funzione, congresso, ufficio, segretaria, centro, televisione, problema, informazione*. Another pleasant discovery is that the pronunciation of Italian, a phonetic language, does not present great difficulties to a native speaker of English.

In the initial stages of language learning a 'silent period', during which the learner is actively involved in internalising a new language but not yet speaking it, is perfectly legitimate. However, we hope that the exercises we have devised to begin developing communication skills will provide a rewarding challenge!

Suggestions for using *Hotel Europa Italia* _____

Each chapter follows the same overall pattern and can be exploited in a variety of different ways, according to the needs of the learners and the preferred approach of the tutor. The exploitation and the suggestions presented in this book are based on our experience of delivering courses to a wide variety of students of Italian over a period of many years. However, the suggestions are intended only as a guide and offer learners and tutors alike considerable freedom of choice.

Prima di tutto . . .

Each stage opens with an item of business Italian. These items act as an introduction to the broad theme of each chapter while showing learners that they can cope with material which appears to be beyond their level, even if they cannot understand all the information provided. Some of the material is authentic while other items have been adapted to provide supplementary language functions.

Dialogo

The dialogues form the core material of *Hotel Europa Italia*. They represent a valuable body of business Italian and it is important to exploit them as fully and flexibly as possible. Each dialogue is introduced by some key words and phrases and their English equivalent. The Italian key words and phrases are also recorded on tape for practice before learners listen to the dialogues. When an asterisk appears by a verb, learners should look up the verb in the relevant grammar section. It is strongly recommended that learners should first listen to the dialogues on the audiocassettes without reference to the text and as often as necessary before tackling the activities which follow each dialogue.

Attività

The activities are designed to offer practice in a progressive way, starting from comprehension of the language, through *Vero o falso?* or *Capisce?*, moving on to pre-communicative activities such as *Colleghi*, *Scelga*, *Completi* and on to activities promoting interaction between two or more learners as in *Ora tocca a Lei!*. Here learners are engaged in active practice of the material presented in that particular stage as well as in previous stages. Tutors may wish to supplement this important phase with role-plays which contain an information gap. The *Per comunicare bene* section focuses the attention of the learners on essential language structures and triangles alongside certain exercises direct them to the relevant grammar section. It is absolutely essential that students consult the grammar section as they proceed through the book.

Italia oggi

Each chapter includes an information section on one aspect of Italian life in a business context. This section offers tutors and learners scope for further language practice as well as developing group discussion and project work on the theme introduced. A brief but informative item of practical cultural information is included in the *Informazione flash* section.

Action checklist

Each chapter finishes with a checklist of principal functions and phrases in Italian and in English dealt with at each stage. This part is meant to help tutors and learners to identify areas which need reinforcing before moving on to the next stage.

Key phrases

The list of key phrases provides a quick source of reference to language functions used in a variety of standard business situations. They include making an appointment, participating in meetings, simple negotiating and apologizing.

Grammar

The grammar section offers practical explanations and examples of the grammar points covered in *Hotel Europa Italia*. The numbers which appear in triangles alongside certain exercises refer to the corresponding section in the grammar.

Glossary

The glossary contains the vocabulary covered in the dialogues and activities as well as the essential vocabulary required to understand the authentic sources and the information presented in the *Italia oggi* section.

1 Un problema logistico

Prima di tutto

Italsistemi S.p.A.
40122 Bologna,
Via Mazzini 153
Telefono: 051/399844
Telefax: 051/39835276

Presentazioni

Come si chiama?

Sono Simonetta Giorgi e lavoro per la Italsistemi S.p.A. Sono segretaria di direzione.

Per un ambiente di lavoro elegante, funzionale e innovativo, la Italsistemi vende sistemi di arredamento per uffici, studi professionali, alberghi e centri congressi. La Italsistemi è un'azienda di fiducia.

Mi chiamo Matteo Cerulli.
Anch'io lavoro per la Italsistemi S.p.A. Mi occupo di vendite in Italia.

Ascolti e ripeta!

L'alfabeto:

a	come Ancona	n	come Napoli
b	come Bologna	o	come Otranto
c	come Como	p	come Palermo
d	come Domodossola	q	come Quarto
e	come Empoli	r	come Roma
f	come Firenze	s	come Savona
g	come Genova	t	come Torino
i	come Imola	u	come Udine
l	come Livorno	v	come Venezia
m	come Milano		

Le altre lettere sono:

h	acca	x	ics
j	i lunga	y	ipsilon
k	cappa	z	zeta
w	vu doppia		

Come si scrive il suo nome?

Ora tocca a Lei

Come si pronuncia?
ele**g**ante alber**ghi** **Ge**nova **Gio**rgi **c**ongressi **C**omo
te**c**ni**ci** **c**entri **sci** capis**ce** as**c**olti
Ascolti il nastro e verifichi le sue risposte!

Dialogo 1

Matteo Cerulli e Simonetta Giorgi preparano la presentazione di un nuovo sistema di arredamento per ufficio.

Ascolti e ripeta!

sei (essere)* libero?	*are you free?*
certo, dimmi	*certainly, go ahead*
c'è	*there is*
si tratta della presentazione	*it's about the presentation*
sala conferenze	*conference room*
disponibile	*available*
bisogna trovare	*we need to find (it is necessary to find)*
perché non telefoni? (telefonare)*	*why don't you ring . . . ?*
albergo/alberghi	*hotel/hotels*
d'accordo	*OK*

Ascolti il dialogo!

Simonetta Giorgi: Scusa, Matteo, sei libero un momento? C'è un problema.

Matteo Cerulli:	Certo, dimmi!
Simonetta Giorgi:	Si tratta della presentazione del nuovo sistema in ottobre. La nostra sala conferenze non è disponibile.
Matteo Cerulli:	Bisogna trovare un 'alternativa.
Simonetta Giorgi:	Forse un albergo con sale conferenze?
Matteo Cerulli:	E' una buona idea. Perché non telefoni a due o tre alberghi?
Simonetta Giorgi:	D'accordo.

Attività

A Vero o falso?

1 Il dottor Cerulli non è disponibile.

2 C'è un problema.

3 Si tratta della presentazione.

4 Bisogna trovare un telefono.

B Capisce?

Quando è disponibile la sala conferenze?

Da imparare											
gennaio	febbraio	marzo	aprile	maggio	giugno	luglio	agosto	settembre	ottobre	novembre	dicembre
1			1								
2 *CASA KIT*		*PITAGORA*	2						*Balduzzi & Morisi*		
3	1		3	1							
4	2		4	2							
5	3		5	3 *foto Bragaglia*							
6	4		6	4							
7	5	1	7	5							
8	6	2	8	6							

 Da imparare

I numeri

C **Ora tocca a Lei!**

C'è un problema! La sala conferenze non è disponibile per una presentazione.
Informi il direttore! Ascolti il nastro e completi il dialogo!

D **Completi!**

Simonetta parla di sé. Che cosa dice?

Io .... Simonetta Giorgi. .... per la Italsistemi. La Italsistemi .... un'azienda di fiducia.

Matteo parla di sé. Che cosa dice?

Mi .... Matteo Cerulli. .... per la Italsistemi. Mi .... di vendite. La Italsistemi .... sistemi di arredamento per uffici.

Dialogo 2

Simonetta Giorgi telefona al primo albergo, Hotel Europa e parla con la centralinista.

Presentazione

Come si chiama?

Mi chiamo Luisa Bertinelli. Sono centralinista all'Hotel Europa.

Ascolti e ripeta!

desidera? (desiderare)*	*can I help you?*
per l'inizio di	*for the beginning of*
circa	*about*
avete? (avere)*	*do you have?*
posti	*places*
mi può (potere)* dare?	*can you give me?*

Ascolti il dialogo!

Luisa Bertinelli:	Hotel Europa. Buongiorno.
Simonetta Giorgi:	Buongiorno. Sono Simonetta Giorgi della Italsistemi.
Luisa Bertinelli:	Buongiorno, signorina. Desidera?
Simonetta Giorgi:	Il nostro direttore commerciale prepara una presentazione per l'inizio di ottobre. Avete una sala conferenza per circa trenta persone?
Luisa Bertinelli:	Sì, certo. Abbiamo la sala Raffaello da sessanta posti e la sala Leonardo da quaranta posti.
Simonetta Giorgi:	Molto bene. Avete un dépliant?
Luisa Bertinelli:	Naturalmente. Mi può dare l'indirizzo, per piacere?

Attività

A Capisce?

1	Chi prepara la presentazione?	Simonetta, Matteo o Luisa?
2	Per quando?	settembre, ottobre o novembre?
3	Per quante persone?	30, 35 o 40?
4	Quante sale sono disponibili?	1, 2, o 3?
5	Quanti posti ha la sala Raffaello?	30, 45 o 60?

Da imparare

il telefono	lo studio	l'indirizzo	la fotografia	l'alternativa
un telefono	uno studio	un indirizzo	una fotografia	un'alternativa

---

▷ ▷ **B Scelga!**

Qual'è la forma giusta: **1** il, la o l'?   **2** un, una o un'?

1		**2**	
... albergo			... azienda
... azienda			... momento
... direttore			... alternativa
... presentazione			... albergo
... sala			... telefono
... indirizzo			... ambiente
... segretaria			... presentazione
... alternativa			... sala

C Ascolti e risponda!

D Colleghi le due colonne!

1 mi può dare	a) sale conferenze
2 sei libero	b) non telefoni?
3 si tratta della	c) un momento?
4 un albergo con	d) presentazione
5 Perchè	e) una presentazione
6 Sono Simonetta Giorgi	f) un dépliant?
7 Avete una sala conferenze	g) l'indirizzo?
8 Il direttore prepara	h) della Italsistemi
9 Avete	i) per circa trenta persone

E Scelga!

In ogni gruppo di parole, c'è una parola non adatta. Qual'è?

1 Segretaria   Presentazione   Centralinista   Direttore

2 Sala conferenze   Albergo   Ufficio   Studio

3 Lavoro   Elegante   Innovativo   Disponibile

Dialogo 3

Matteo Cerulli e Simonetta Giorgi parlano dell'Hotel Europa.

 Ascolti e ripeta!

sembra (sembrare)*	*it seems*
conosci (conoscere)*	*do you know? or you know*
nel centro storico	*in the historical centre*
un palazzo	*a building*
antico	*old*
interno	*inside*
adatto	*suitable*
che cosa vuoi (volere)* fare?	*what do you want to do?*
fissare un appuntamento	*make an appointment*

 Ascolti il dialogo!

Simonetta Giorgi: Ciao, Matteo. Ecco il dépliant dell'Hotel Europa.

Matteo Cerulli: . . . Sì, mi sembra interessante. Conosci l'Hotel Europa?

Simonetta Giorgi: Un po'.

Matteo Cerulli: Dov'è?

Simonetta Giorgi:	E' nel centro storico. E' in un bellissimo palazzo antico ma l'interno è moderno.
Matteo Cerulli:	C'è una sala conferenze?
Simonetta Giorgi:	Sì. Ci sono due sale; la sala Raffaello ha sessanta posti e la sala Leonardo quaranta.
Matteo Cerulli:	Va bene. Fammi la cortesia di telefonare per fissare un appuntamento.
Simonetta Giorgi:	Certo. Per quando?
Matteo Cerulli:	Se possibile, per giovedì o venerdì mattina.

Attività

A Vero o falso?

1 Matteo trova l'informazione interessante.

2 L'interno del palazzo è antico.

3 Ci sono quaranta sale conferenze.

4 Matteo decide di visitare l'Hotel Europa.

Per comunicare bene

Come chiedere un favore
Informale   *Formale*
Fammi la cortesia di   Mi faccia la cortesia di

collega ↔ collega   segretaria ↔ cliente

B Ora tocca a Lei!

Chieda un favore in modo   Chieda un favore in modo
informale!   formale!

Modello: Telefonare all'Hotel Europa.

Fammi la cortesia di   Mi faccia la cortesia di
telefonare all'Hotel Europa.   telefonare all'Hotel Europa.

1 Fissare un appuntamento per il direttore.

2 Trovare un'alternativa.

3 Preparare la presentazione.

4 Visitare l'albergo personalmente.

5 Trovare un albergo in centro città.

C   Colleghi le domande e le risposte!

1 dov'è?   **a)** un po'

2 per quando?   **b)** ci sono due sale

3 tu conosci l'Hotel Europa?   **c)** è nel centro storico

4 c'è una sala conferenze?   **d)** per giovedì o venerdì mattina

 D   Ascolti e risponda!

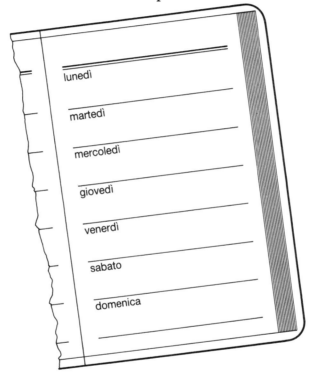

lunedì

martedì

mercoledì

giovedì

venerdì

sabato

domenica

Da imparare

I giorni della settimana

Dialogo 4

Simonetta Giorgi telefona all'Hotel Europa e fissa un appuntamento.

Presentazione

Come si chiama?

Mi chiamo Camilla Gatti.
Lavoro all'Hotel Europa.
Mi occupo della gestione dell'albergo.

Ascolti e ripeta!

per cortesia	*please*
resti in linea	*please hold (telephone)*
mi dica (dire)*	*go ahead (polite)*
come Lei sa (sapere)*	*as you know*
abbiamo (avere)* bisogno di	*we need*
vorrebbe (volere)*	*would like to*
vediamo (vedere)*	*let's see*
facciamo (fare)*	*let's make it*
La ringrazio (ringraziare)*	*thank you (polite)*

Ascolti il dialogo!

Luisa Bertinelli:	Hotel Europa, buonasera.
Simonetta Giorgi:	Buonasera. Sono Simonetta Giorgi della Italsistemi. Vorrei parlare con la dottoressa Gatti, per cortesia.
Luisa Bertinelli:	Un momento, per favore. Resti in linea. Ecco la dottoressa Gatti . . .
Camilla Gatti:	Buonasera, signorina. Sono Camilla Gatti. Mi dica . . .
Simonetta Giorgi:	Le telefono da parte del direttore commerciale della Italsistemi, il dottor Matteo Cerulli. Come Lei sa, abbiamo bisogno di una sala conferenze in ottobre. Il dottor Cerulli vorrebbe visitare le sale personalmente.
Camilla Gatti:	Certo. Quando esattamente?
Simonetta Giorgi:	E' libero giovedì o venerdì mattina.
Camilla Gatti:	Vediamo . . . sì . . . Giovedì mattina va bene. Facciamo alle dieci?
Simonetta Giorgi:	Perfetto. Giovedì alle dieci . . . La ringrazio, dottoressa. ArrivederLa.
Camilla Gatti:	ArrivederLa.

Attività

A Completi!

Simonetta Giorgi telefona all'................. .... per parlare con la dottoressa Gatti. Il dottor Cerulli vorrebbe .... le sale conferenze. Simonetta .... l'appuntamento per .... mattina alle ....

B Scelga!

C'è o ci sono?

1 ... . trenta persone.

2 ... . il direttore.

3 ... . due sale conferenze.

4 ... . la dottoressa Gatti.

5 ... . un albergo nella zona.

6 ... . un dépliant dell'Hotel Europa.

7 ... . quaranta posti.

C **Ora tocca a Lei!**

C'è un altro problema! Che fare? Ascolti e risponda!

D Colleghi le due colonne!

1

CASA KIT

MOBILI E OGGETTI
DI ARREDAMENTO
IN PRONTA CONSEGNA

BOLOGNA
VIA DE MONARI, 1/D
TEL. (051) 26 64 56
VIA D'AZEGLIO, 35
TEL. (051) 33 12 57
VIA E. PONENTE, 56
TEL. (051) 31 22 70

a) vende tutto per la fotografia

2

pitagora

ARTICOLI TECNICI PER DISEGNO

Via del Legatore, 3 - Tel. (051) 53 33 11

b) l'indirizzo è Via del Battirame, 8

3

foto bragaglia

di MAZZANTI LUISA

TUTTO PER LA FOTOGRAFIA
40122 BOLOGNA - Via S. Felice, 4/b
Tel. (051) 26 28 57

c) il numero di telefono è (051) 33 12 57

4

Balduzzi
& Morisi

MACCHINE PER UFFICIO

Via del Battirame, 8 - Tel. (051) 53 43 58 (3 l.)

d) vende articoli tecnici per disegno

E   Ora tocca a Voi!

Lavoro di gruppo

a)

> **Angela Rubeo**
> **Direttore Vendite**
> **Italcom srl   Via Roma 27**
> **Napoli 80135**
> Tel.   081 233344   Telex 081 234455

b)

> Daniela Sandrone
> Agente di Vendita
> Olivieri SpA
> Via M. Rosi 89
> Lucca 55109
>
> Tel. 0583 767574

c)

> Dott. Mario Tessitori
> Consulente fiscale
> Via Torti 53
> Trieste 34109
> Tel. 040 2234655

d)

> Arch. Andrea Bianchi
> Studio Bianchi & Crissoli
> Corso Francia 92
>
> Torino 10143   Tel. 011 6443951
> Telefax 011 6446878

Queste quattro persone si incontrano all'Hotel Europa e si presentano. Che cosa dicono? Da includere nella conversazione: nome, cognome, lavoro e azienda.

GENNAIO
FEBBRAIO
MARZO
APRILE
MAGGIO
GIUGNO
LUGLIO
AGOSTO
DICEMBRE
LUNEDI
MARTEDI
MERCOLEDI
GIOVEDI
VENERDI

```
S I C A P R I L E P B V S Z X K I X O I
E W T K Y Y Y L E J Q S Q O I G G A M Q
B S Y S A X M T E L G G O G B O M H B H
G V N U A O J Y C B X Z I L V O E W R N
Z Z Y G E Y B D X K R U S D Q Q R M O S
B D H Y L R U G I A G Z I D X L C I F X
K S D J N K N D M N F D I V G U O V O U
M D K H E Q E J O I R C M P G N L I R X
U H A E Q V N S D E E D B E P E E M C R
T V G H O C M E N M J A N G D D D H X R
C M K I A E T E B S H N B P G I I K S Z
W D G E R R V R E Z A O L A W R E H G U
D B R J A D E I I I T U T J H R C H G V
F K E M O F Z E O N G V C S R I C Y L Z
E N K W P B A W J L G L T K O B X C U U
A W R S P Y C W I C L F D N R G P E K L
C J B V M V Q O N V T B O D Y H A R I N
V Y X H V U A X N A M E F Z I Z B Q P Y
A H K P L W P U L H V F E B B R A I O K
T D T D J L I Y W U K W H X K O P I L Z
```

• •

Italia oggi

Profilo dell' Italia _____

Capitale
Roma

Lingue ufficiali
Italiano
Italiano e francese (Valle d'Aosta)
Italiano e tedesco (Alto Adige)

Valuta
Lira   LiT.

Popolazione
57.354.000

Stati indipendenti
Città del Vaticano
Repubblica di San Marino

Nord
l'Italia settentrionale

OVEST
Italia
occidentale

EST
Italia orientale

Italia centrale

Italia meridionale
SUD

L'Italia è una democrazia parlamentare con una Costituzione Repubblicana.

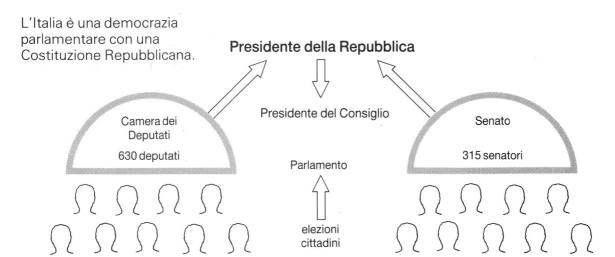

Presidente della Repubblica

Presidente del Consiglio

Camera dei Deputati

630 deputati

Senato

315 senatori

Parlamento

elezioni cittadini

Elezioni Politiche 5-6 aprile 1992 - Camera dei Deputati - FAC-SIMILE

NUCCIO

VERDI

VOTA LA RETE

N.B. Si ricorda alle elettrici e agli elettori che possono esprimere una sola preferenza scrivendo il cognome del candidato

Informazione flash

La Camera dei Deputati e il Senato eleggono
il Presidente della Repubblica ogni 7 anni.
Il Presidente della Repubblica elegge il Presidente del Consiglio.
I cittadini eleggono il governo ogni 4 anni.

Vero o falso?

1 La capitale dell'Italia è Roma
2 In Italia c'è solo una lingua ufficiale
3 La valuta ufficiale è il dollaro
4 Nella Camera dei Deputati ci sono 630 Senatori

Saluti e titoli

In Italiano ci sono due modi di salutare, uno informale e uno formale. I saluti informali *ciao, arrivederci* si usano con amici, colleghi e, naturalmente, in famiglia. Con clienti, superiori e semplici conoscenze si usano i saluti formali *buongiorno*, se è mattino, *buonasera*, se è pomeriggio o sera oppure *arrivederLa* in qualsiasi momento della giornata al momento della partenza. Quando si parla in modo formale è importante usare il titolo professionale della persona: *buongiorno dottore, buonasera ingegnere,*

arrivederLa dottoressa. Se non c'è un titolo professionale, si dice semplicemente *Buongiorno signor Marini, buonasera signorina Conti, arrivederLa signora Borelli.*

Ing.	= Ingegnere
Dott.	= Dottore Dott.ssa = Dottoressa
Arch.	= Architetto
Prof.	= Professore
Prof.ssa	= Professoressa
Geom.	= Geometra
Rag.	= Ragioniere/Ragioniera

Action checklist

Before going on to Stage 2 make sure you can:

- *say who you are and where you work*
  Mi chiamo . . . e lavoro per . . .
- *spell your name*
  si scrive . . .
- *ask someone else's name*
  come si chiama?
- *state what your job is*
  mi occupo di . . .
- *state that there is a problem*
  c'è un problema
- *state simply what the problem is*
  si tratta della presentazione
- *ask some simple questions*
  c'è una sala conferenze?
  quanti posti ha?
  è disponibile?
- *ask a favour informally*
  fammi la cortesia di
  and formally
  mi faccia la cortesia di
- *count some numbers*
- *identify the days of the week and the months of the year*
- *greet and address people using the correct title and form*

Primi contatti

In Stage 2, you will learn how to:

- discuss your daily working schedule
- introduce your colleagues
- book into a hotel
- exchange courtesies

Prima di tutto

HOTEL EUROPA

AGENDA

	lunedì	martedì	mercoledì	giovedì	venerdì
mattina	09.00 intervista con la televisione locale			09.00 – 18.30 conferenza della Olivetti	
				09.00 riunione con l'architetto Lusignoli	
		10.30 incontro con l'ingegnere Bonacore		10.00 appuntamento con il dottor Cerulli	
pomeriggio			16.00 appuntamento con Bernardo		
					17.00 Colloquio per il posto di cameriere

Completi!

Modello: Lunedì alle nove c'è un'intervista con la televisione locale.

1 Martedì alle dieci e trenta c'è ....

2 Mercoledì alle sedici c'è ....

3 Giovedì dalle nove alle diciotto trenta c'è ....

4 Giovedì alle dieci c'è ....

5 Venerdì alle diciassette c'è ....

Presentazione

Mi presento! Mi chiamo
Luca Martini e lavoro
nella direzione dell'Hotel
Europa. Ho trenta anni.

Dialogo 1

Camilla Gatti e Luca Martini verificano gli impegni della giornata sull'agenda.

 Ascolti e ripeta!

oggi	*today*
sull'agenda	*in the diary (literally – on)*
vediamo (vedere)*	*let's see*
comincia (cominciare)*	*it begins*
finisce (finire)*	*it ends*
è tutto pronto	*everything is ready*
mi pare	*it seems to me*
verifico (verificare)*	*I'll check*
ecco	*here it is*
dopo la riunione	*after the meeting*

 Ascolti il dialogo!

Camilla Gatti: Ciao, come va? Che cosa c'è oggi sull'agenda?

Luca Martini: Vediamo . . . c'è la conferenza della Olivetti nella sala Raffaello
Comincia alle 9.00 e finisce alle 18.30. E' tutto pronto, mi pare.

Camilla Gatti:	Ci sono appuntamenti questa mattina?
Luca Martini:	Sì. Un appuntamento con il dottor Cerulli della Italsistemi.
Camilla Gatti:	Ah sì, per una sala conferenze all'inizio di ottobre. A che ora arriva il dottor Cerulli?
Luca Martini:	Un attimo. Verifico sull'agenda . . . Ecco . . . Alle 10.00 dopo la riunione con l'architetto Lusignoli.

Attività

A Capisce?

   1 Che cosa c'è sull'agenda oggi?

   2 A che ora comincia?

   3 A che ora finisce?

   4 A che ora è l'appuntamento con il dottor Cerulli?

Da imparare

	Che ore sono?	A che ora è l'appuntamento?
08.00	sono le otto	alle otto
08.05	sono le otto e cinque	alle otto e cinque
08.15	sono le otto e quindici	alle otto e quindici
08.30	sono le otto e trenta	alle otto e trenta
08.45	sono le otto e quarantacinque	alle otto e quarantacinque

Ma attenzione!

è l'una	all'una
è l'una e cinque	all'una e cinque

B Che ore sono?

   10.00
   11.05
   02.35
   14.10
   12.20

 C Ascolti e scriva le ore!

                                                            comincia finisce

   1 ricevimento – camera di commercio

   2 riunione – personale

   3 colazione – Finital

   4 incontro – banca

D   **Completi!**

Scelga la parola adatta dalla lista a destra e completi il brano!

Luca Martini dice a Camilla Gatti cosa c'è sull'agenda oggi.

Oggi, c'è la .... della Olivetti.
.... alle 9.00 e finisce alle diciotto
e trenta. C'è una .... alle 9.30 con
l'................. Lusignoli. .... dieci,
c'è un .... con il ....
Cerulli.

architetto
alle
appuntamento
dottor
riunione
conferenza
comincia

Per comunicare bene

Quando arriva?

in anticipo

in orario

in ritardo

Dialogo 2

Matteo Cerulli e Simonetta Giorgi arrivano all'Hotel Europa.

   Ascolti e ripeta!

Desidera?	*can I help you?*
prego	*please*
Vuole accomodarsi in poltrona?	*would you like to take a seat?*
Avverto subito (avvertire)*	*I shall call . . . straightaway.*
è qui in ricezione	*is here in reception*
appena possibile	*as soon as possible*
si scusa	*apologises*

   Ascolti il dialogo!

Luisa Bertinelli: Buongiorno. Desidera?

Matteo Cerulli: Buongiorno signorina. Ho un appuntamento con la dottoressa Gatti.

Luisa Bertinelli:	Il suo nome, prego?
Matteo Cerulli:	Cerulli, della Italsistemi. Questa è la mia segretaria, signorina Giorgi.
Luisa Bertinelli:	Vediamo . . . dottor Cerulli . . . si, alle 10. Vuole accomodarsi in poltrona? Avverto subito la dottoressa Gatti.

Dottoressa? Sono Luisa. Il dottor Cerulli della Italsistemi è qui in ricezione. Si, è un po' in anticipo . . . d'accordo.

Dottor Cerulli, scusi . . . la dottoressa si scusa ma è in riunione con il personale. Arriva appena possibile.

Attività _____

A   Vero o falso?

   1   Luisa Bertinelli ha un appuntamento con la dottoressa Gatti.

   2   Il dottor Cerulli arriva con la segretaria.

   3   Il dottor Cerulli è in anticipo.

   4   Camilla Gatti è alla Camera di Commercio.

   B   Completi!

Qual'è la forma corretta: un, una, un'?

   1   Ho ... appuntamento

   2   Vuole accomodarsi ... attimo?

   3   Per ... sala conferenze

   4   Il dottor Cerulli lavora in . . . azienda di fiducia

   5   Scusa, sei libero ... momento?

   6   Simonetta e Matteo preparano ... presentazione

   7   Bisogna trovare ... alternativa

   C   Ascolti!

Oggi Lei visita l'Hotel Europa. La ricezionista L'accoglie con cortesia. Segni solo gli inviti che sente!

Modello: Vuole accomodarsi un attimo?

   1   Vuole visitare la sala Leonardo?

   2   Vuole lasciare l'ombrello?

   3   Vuole aspettare qui in ricezione?

   4   Vuole accomodarsi in ufficio?

   5   Vuole visitare la sala Raffaello?

6 Vuole parlare con la segretaria?

7 Vuole prendere un caffè?

8 Vuole verificare l'appuntamento?

9 Vuole accomodarsi in poltrona?

Da imparare

La mia segretaria   *Il mio* segretario

D Completi!

Qual'è la forma corretta: il mio o la mia?

1 ....appuntamento   4 .... sala

2 .... agenda   5 .... conferenza

3 .... lavoro   6 .... albergo

E Capisce?

Che confusione! Il dialogo non è in ordine. Legga ancora una volta il Dialogo 2 e metta questo dialogo nella seguenza corretta.

a) Dottor Fellini, della Italsop.

b) Ho un appuntamento con il signor Rossi.

c) Buongiorno. Desidera?

d) Vuole accomodarsi un attimo? Avverto subito il signor Rossi.

e) Il suo nome, prego?

Per comunicare bene

Simonetta→Matteo: scusa, Matteo/
Luisa Bertinelli→Matteo Cerulli: Dottor Cerulli, scusi

F   Completi!

Qual'è la forma giusta … scusa o scusi?
1 ....., signorina, sono un po' in anticipo.
2 ....., Simonetta, sei libera un momento?
3 ....., dottoressa, sono in ritardo.
4 Matteo, ..., hai un appuntamento alle dieci?

G   Ora tocca a Lei!

Con un(a) collega pratichi il dialogo fra la persona in ricezione e un cliente.

Ricezionista: Buongiorno. ....?

Cliente: Ho un .... con ....

Ricezionista: Il suo ...., ...?

Cliente: .... della Morbello di Roma. Questo è .... segretario, Antonio Nolle.

Ricezionista: Vuole .... in poltrona? .... subito ....

Cliente: ...., ma sono un pò ....

Ricezionista: .... arriva appena ....

Dialogo 3

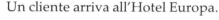

Un cliente arriva all'Hotel Europa.

Presentazione
Sono l'ingegner Antonio Pinelli
e lavoro per la Malaguta – impianti
termo-sanitari a Ravenna
Ho trentacinque anni.

 Ascolti e ripeta!

una camera prenotata	*a room booked*
una singola	*a single room*
con doccia	*with shower*
nessun problema	*no problem*
con vista sulla piazza	*with a view over the square*
ha ottima memoria	*you have a very good memory*
tratta bene i clienti	*it treats its clients well*
mi favorisca?	*would you please give me?*
la patente	*the driving licence*

Ascolti il dialogo!

Luisa Bertinelli:	Buongiorno ingegner Pinelli. Come sta? Lei ha una camera prenotata per due notti, vero?
Antonio Pinelli:	Sì. Una singola con doccia, ma per tre notti se possibile.
Luisa Bertinelli:	Vediamo . . . Sì. Nessun problema. Lei ha normalmente la camera numero 312, con vista sulla piazza, vero?
Antonio Pinelli:	Lei ha ottima memoria, signorina!
Luisa Bertinelli:	Mi favorisca un documento per piacere?
Antonio Pinelli:	Sì, ecco la patente. (*Matteo Cerulli e Simonetta Giorgi osservano e commentano*)
Simonetta Giorgi:	Questo albergo ha un ottimo servizio, mi pare.
Matteo Cerulli:	Sì, è vero. Tratta bene i clienti.

Attività

A Capisce?

1 L'ingegner Pinelli ha una camera prenotata?

2 Per quante notti è prenotata?

3 E' una singola o una doppia?

4 Con bagno o con doccia?

5 Qual'è il numero della camera?

Da imparare

Ha una camera?

🛏	una singola	🚿	con doccia
🛏	una doppia con letto matrimoniale	🛁	con bagno
🛏🛏	una doppia con due letti	▦	con aria condizionata

B Gioco di parole: trovi le soluzioni!

errostnati   otasspopar   anogb   gisanlo   cidaco

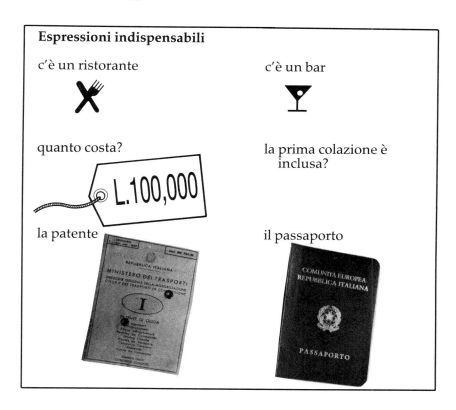

Espressioni indispensabili

c'è un ristorante

c'è un bar

quanto costa?

la prima colazione è inclusa?

la patente

il passaporto

L.100,000

ᐧᐧᐧ   Servizio congressi

©   Carta di Credito

&   Accessibile agli handicappati

C   Capisce?

Cat. Class Kat.	Località - Localités - Places - Localidades - Orte — Hôtels, Pensioni, Pensions	Min-Max	Min-Max	Min-Max	Min-Max	Min-Max	Min-Max	p. camera Lire
	Bologna (segue)							
★★★	**Palace** [113-181] B. 29, D. 90 ♿ ▦ ☕ ♨ ☐ TV ⅀ ▭ ♿ Ⓟ ⌨ ᐧᐧᐧ © Telex 520689 - Fax 220689 (si accettano cani) Via Montegrappa, 9/2 ☎ 237.442	30.000 50.000	65.000 100.000	50.000 75.000	75.000 142.000	—	—	incl.
★★★	**Paradise** [18-27] D. 18 ♿ ▦ TV ☐ ⅀ ☕ ▭ ⌨ ♿ ♨ © Telex 520692 - Fax 234591 (si accettano cani) Via Cattani, 7 ☎ 231.792	—	60.000 90.000	—	90.000 130.000	—	—	5.000
★★★	**Re Enzo** [51-95] D. 51 ♿ ▦ ☕ ♨ TV ⅀ ☐ ▭ ⌨ Ⓟ ᐧᐧᐧ ♿ © Telex 512892 - Fax 554025 Via S. Croce, 26 ☎ 523.322	—	70.000 95.000	—	110.000 130.000	—	—	10.000
★★★	**Regina** [61-85] B. 4, D. 61 ▦ ☕ ♨ ⅀ ▭ TV ☐ ♿ Telex 511276 - Fax 224143 Via Indipendenza, 51 ☎ 248.878	—	65.000 95.000	—	95.000 130.000	—	—	incl.
★★★	**Roma** [86-115] B. 53, D. 33 ♿ ▦ ☐ ☕ ♨ ✕ ⅀ TV ♿ ⌨ © Telex 512863 - Fax 239909 (si accettano cani) Via D'Azeglio, 9 ☎ 226.322	—	95.000 120.000	—	120.000 150.000	—	173.000 218.000	incl.
★★★	**S. Felice** [36-50] B. 14, D. 22 ♿ ▦ ☕ ♨ ⅀ TV ▭ © Telex 520676 - Fax 558258 Via Riva Reno, 2 ☎ 557.457	—	47.000 95.000	—	67.500 135.000	—	—	

Questa è una lista di alberghi a Bologna. Risponda alle domande!

1 Quale albergo non ha l'aria condizionata?

2 Quali alberghi offrono servizi congressi?

3 Quali alberghi accettano la carta di credito?

4 In quale albergo c'è un ristorante?

5 Quale albergo non è accessibile agli handicappati?

 D Ascolti!

Otto persone richiedono camere alla ricezionista dell'Hotel Europa.

Indichi nella griglia il numero e il tipo delle camere.

	🛏 🚿	🛏 🚿	🛏 🛁	🛏 🛁
1				
2				
3				
4				
5				
6				
7				
8				

Da imparare

Prezzi in lire

	1000	100	11
	mille	cento	undici
20	2000	200	12
venti	duemila	duecento	dodici
30	3000	300	13
trenta	tremila	trecento	tredici
40	4000	400	14
quaranta	quattromila	quattrocento	quattordici
50	5000	500	15
cinquanta	cinquemila	cinquecento	quindici

60	6000	600	16
sessanta	seimila	seicento	sedici
70	7000	700	17
settanta	settemila	settecento	diciassette
80	8000	800	18
ottanta	ottomila	ottocento	diciotto
90	9000	900	19
novanta	novemila	novecento	diciannove
	10 000		
	diecimila		

esempi: 99 400 = novantanovemilaquattrocento
67 515 = sessantasettemilacinquecentoquindici
ma   88 000 = ottantottomila

 E   Ascolti e risponda!

F   Quanto costa?

1 Una camera doppia all'albergo Paradiso?

2 Una camera singola all'albergo Re Enzo?

3 Pensione completa per persona all'albergo Roma?

Dialogo 4

Camilla Gatti incontra Matteo Cerulli.

 Ascolti e ripeta!

prenotazioni	*bookings*
qualcosa da bere	*something to drink*
un bicchiere d' acqua minerale	*a glass of mineral water*
volentieri	*with pleasure*

 Ascolti il dialogo!

Camilla Gatti:	Dottor Cerulli? Sono Camilla Gatti . . . piacere. Mi scusi se sono un po' in ritardo.
Matteo Cerulli:	Molto lieto. Le presento la mia segretaria, Simonetta Giorgi.
Camilla Gatti:	Molto lieta. E questo è Luca Martini. Si occupa della parte tecnica e delle prenotazioni. Volete accomodarvi nel mio ufficio? Gradite qualcosa da bere . . . un caffè . . . Signorina? Dottore?
Simonetta Giorgi:	Un bicchiere d'acqua minerale, grazie.
Matteo Cerulli:	Sì volentieri, un caffè.

Attività _____

A Vero o falso?

1 Camilla Gatti è un po' in ritardo.

2 Luca Martini si occupa della ricezione.

3 Camilla Gatti invita i clienti nell'ufficio.

4 Luca Martini offre qualcosa da bere.

5 Matteo Cerulli accetta un bicchiere di acqua minerale.

B Colleghi le due colonne

a) mi scusi se
b) volete
c) e questo è
d) gradite

1 qualcosa da bere?
2 sono in ritardo
3 accomodarvi nel mio ufficio?
4 Luca Martini

Da imparare 22

Le presento Simonetta Giorgi. *Questa è* Simonetta Giorgi
Le presento Luca Martini. *Questo è* Luca Martini

---

11 **C Ora tocca a Lei!**

Presenti i nuovi colleghi

Mario Tosi
tecnico

Anna Faccio
analista

Gabriele Biondi
segretario

Maria Pia Goino
segretaria

Fabrizio Cini
gestore

Da imparare

Gradisce un caffè
Gradite un caffè?

Desidera...

 D   Ascolti!

Camilla Gatti è molto ospitale. Che cosa offre? A chi?

a) un caffè   **1** Matteo
b) un succo di frutta   **2** Matteo e Simonetta
c) un bicchiere di acqua   **3** Simonetta
    minerale   **4** Matteo e Simonetta
d) una tazza di tè   **5** Simonetta
e) una Coca Cola

E   Ora tocca a Lei!

Lei è al bar con i colleghi. Offra da bere.

  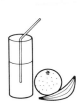 

un analcolico   un liquore   un digestivo   una spremuta di frutta   un succo di frutta

CAMERA
SINGOLA
NOTTI
DOCUMENTO
BAGNO
DOPPIA
NUMERO
DOCCIA
PRENOTATA
VISTA

```
Z E K A I C C O D W E R K S Q T P G C E
U X T N S L A G H R A O B C N R C F O F
O K E V R J T O W D Z B S R E D F H Z Y
C N Z D M J S Q V P T Q X N F D N P I M
F J H B D A I N K C D K O N Y Y C S U F
A L L A I Z V P O O X T Q K I E I X B Q
P E O M C H L N C G A Y Z B C N H M P A
X M V O M K X U O T R V X L G W B D S W
I B M Z F Q M C A H N C P O S Q P Z W Y
K K H E K E P K P L Y E L J A N A G U Z
Q B I T N J L X N Y D A Y L W N Z W L B
X Q G T O R E M U N K V S R H T N M E R
Q D O D E N D Y S R I O M A R E M A C T
P Y J U P N G L P H Q H A I P P O D T C
O M D Z U U O F W U Y J S C N D X Y U U
Q A P G G I Z T H M N I O D A A B J Y B
A A P X I R J X T X U N I K Q Y T Q C U
S F I Z V P V W M I G Y W V B Q R Y T F
Y Q A K T C C U S A G P E H T T E P T G
W J H X B I Z T B U D X M Y L F J E Y A
```

• •

Italia oggi

Comuni province e regioni _____

L'Italia è divisa in 20 Regioni,
         95 Province
         8 086 Comuni.

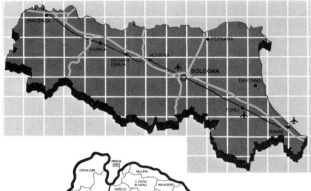

Ci sono tre livelli di decentralizzazione amministrativa:

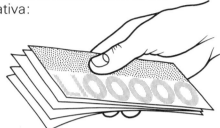

La **Regione** è amministrata da un Consiglio Regionale ed è responsabile per:
- la sanità
- l'ambiente
- i parchi
- la cultura e gli spettacoli
- la promozione industriale

La **Provincia** è amministrata da un Consiglio Provinciale ed è responsabile per:
- le strade e i trasporti
- la cultura
- le scuole superiori

Il **Comune** è amministrato da un Consiglio Comunale ed è responsabile per:
- l'acquedotto
- i trasporti urbani
- i mercati
- i tributi
- l'anagrafe
- le scuole materne/elementari
- l'urbanistica
- servizi vari

il Municipio

Informazione flash

Una targa auto: **TO 3427 G**
Capoluogo di provincia + numero + lettera
o numero progressivo

Roma	= Roma	FO	= ....?
TO	= Torino	BS	= ....?
BO	= Bologna	VE	= ....?
PA	= ....?	AT	= ....?
SI	= ....?	LA	= ....?
VA	= ....?		

Dove sono questi capoluoghi?

Action checklist

Before going on to Stage 3 make sure you can:

- *tell the time*
  sono le .... è ....

- *state at what time something starts*
  comincia alle ....

- *. . . and finishes*
  finisce alle. . .

- *ask at what (time something is)*
  a che ora ....

- *ask what the engagements of the day are*
  che cosa c'è oggi sull'agenda?

- *invite people to do something*
  vuole/volete ....

- *enquire about hotel rooms availability*
  ha una camera ....?

- *state type of room required*
  una singola con bagno

- *ask what the tariff is*
  quanto costa ....?

- *ask if breakfast is included*
  la colazione è compresa?

- *introduce a colleague (male)*
  questo è ....

- *introduce a colleague (female)*
  questa è ....

- *introduce one or more colleagues*
  Le presento ....

- *express pleasure on being introduced*
  molto lieto/lieta. Piacere!

- *offer refreshments*
  gradisce/gradite?

In Stage 3, you will learn how to:
- find your way around
- discuss your company's requirements
- discuss overnight accommodation
- enquire about conference room facilities
- discuss refreshments and meals

Prima di tutto

Direzioni

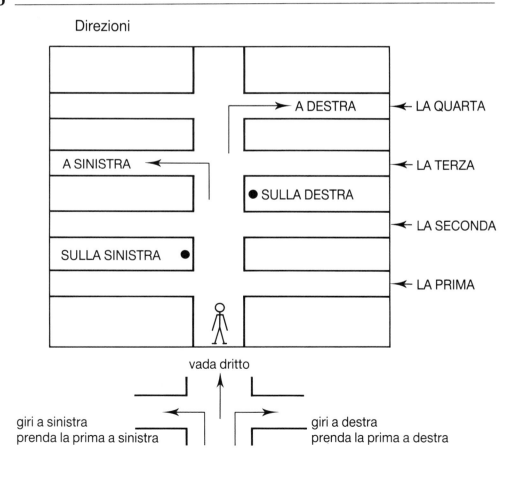

vada dritto

giri a sinistra
prenda la prima a sinistra

giri a destra
prenda la prima a destra

Dov'è l'albergo?

Guardi la piantina!

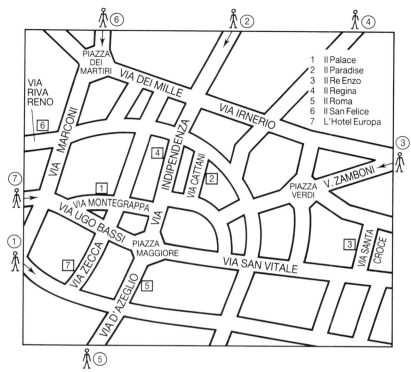

Modello: Scusi, dov'è l'Hotel Palace?
   E' in via Montegrappa. Vada dritto, prenda la prima a sinistra e
   la seconda a sinistra. L'Hotel Palace è sulla destra.

Ora tocca a Lei!

Dove si trovano questi alberghi?

1 Il Paradise   **3** Il Roma   **5** L'Hotel Europa

2 Il Re Enzo   **4** Il San Felice

Dialogo 1

Matteo Cerulli e Simonetta Giorgi descrivono le esigenze per la
presentazione a Camilla Gatti e Luca Martini.

 Ascolti e ripeta!

quali servizi	*which amenities*
al massimo	*at the most*
gli agenti di vendita	*the sales representatives*
all'estero	*abroad*
i direttori di distribuzione	*the distribution and client*
e del servizio clienti	*services manager*
i dipendenti	*the employees*
la campagna pubblicitaria	*the publicity campaign*

i datori di lavoro — the employers
gli impiegati — the office employees (clerks)

Ascolti il dialogo!

Matteo Cerulli:	Come Lei sa, la Italsistemi presenta i nuovi sistemi per ufficio. Vorrei sapere esattamente quali servizi offre l'Hotel.
Camilla Gatti:	Ha il dépliant? Ecco. C'è la sala Raffaello da sessanta posti e la sala Leonardo da quaranta posti. Quante persone partecipano?
Matteo Cerulli:	Da trenta a trentotto. Al massimo quaranta.
Luca Martini:	Chi sono i partecipanti?
Matteo Cerulli:	Gli agenti di vendita in Italia e all'estero e i direttori di distribuzione e del servizio clienti.
Luca Martini:	E' una presentazione interna per i dipendenti dell'azienda, allora?
Simonetta Giorgi:	Esatto. Il direttore di marketing e pubblicità presenta i nuovi sistemi . . . e allo stesso tempo la campagna pubblicitaria per l'Italia e per l'estero.

Attività

A Colleghi le domande alle risposte!

Risposte

1 E' per i dipendenti dell'azienda.

2 Perchè presenta i nuovi sistemi per ufficio.

3 Il direttore di marketing.

4 Ce ne sono sessanta.

5 Ce ne sono quaranta al massimo.

Domande

a) Perchè la Italsistemi ha bisogno di una sala conferenza?

b) Quanti posti ci sono nella sala Raffaello?

c) Per chi è la presentazione?

d) Quanti partecipanti ci sono?

e) Chi presenta i nuovi sistemi?

Per comunicare bene 23

Ci sono quaranta *partecipanti*. Ce *ne* sono quaranta.
Quanti *posti* ha la sala Raffaello? *Ne* ha sessanta.

LA ITALSISTEMI IN ITALIA
SEDE PRINCIPALE: 40122 BOLOGNA
via Mazzini 153

FILIALE DI BARI	FILIALE DI BRESCIA	FILIALE DI ROMA
70100 Bari via Oberdan 75	25100 Brescia via Aleardi 35	06 Roma via delle Carozze 78

AGENTI DI VENDITA

B   Completi!

1 La sede principale della Italsistemi si trova a ....

2 Ci sono .... filiali a ...., a .... e a
    ....

3 Ci sono .... agenti di vendita.

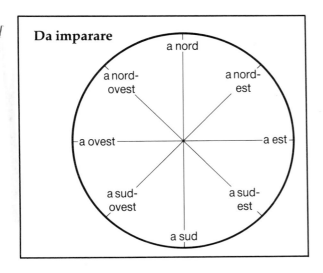

Da imparare

C **Completi!**

Dove si trovano questi posti?

1 Roma si trova . ... di Bologna

2 Bari si trova . ... di Roma

3 Firenze si trova . ... di Perugia

4 Venezia si trova . ... di Milano.

D **Vero o falso?**

1 Bari è nel nord dell'Italia

2 Venezia è nel nordovest dell'Italia

3 Ancona è nel centro dell'Italia

4 Catanzaro è nel sud dell'Italia

Da imparare

Dove si trova? Dove si trova l'albergo?
Dove si trovano le filiali?

 E **Scelga!**

Trova o trovano?

1 Bologna si .... a nord di Firenze.

2 I dépliant si .... nell'ufficio di Luisa.

3 L'albergo si .... in centro città.

4 La sede principale della Italsistemi si .... a Bologna.

5 Le filiali si .... a Brescia, a Bari e a Roma.

Dialogo 2

Luca Martini e Simonetta Giorgi discutono il pernottamento.

 Ascolti e ripeta!

discutono (discutere)*	*discuss*
alcuni	*some*
da lontano	*from afar*
la sera prima	*the evening before*
può (potere)* precisare	*can you specify*
penso (pensare)*	*I think*
può confermare?	*can you confirm?*
più tardi	*later*

Ascolti il dialogo!

Simonetta Giorgi: Alcuni colleghi arrivano da lontano, quindi arrivano la sera prima.

Luca Martini: Allora vuole prenotare anche delle camere. Può precisare la data?

Simonetta Giorgi: La presentazione è il tre ottobre, quindi le camere sono per il due ottobre.

Luca Martini: Quante camere esattamente?

Simonetta Giorgi: Penso ventotto singole e una doppia per un direttore che arriva con la moglie.

Luca Martini: Può confermare il numero più tardi, comunque. Le singole hanno la doccia e le doppie hanno il bagno. La prima colazione è inclusa.

Attività

A   Vero o falso?

1 Alcuni colleghi arrivano la sera prima della presentazione.

2 La presentazione è il due ottobre.

3 Simonetta vuole prenotare ventotto camere doppie.

4 Un direttore arriva con la moglie.

5 Le camere doppie hanno la doccia.

28 29 **B   Completi!**

1 Alcuni colleghi .... da lontano (arrivare)

2 Luca e Simonetta .... il pernottamento (discutere)

3 Le camere .... per il tre ottobre (essere)

4 Le singole .... la doccia (avere)

5 Simonetta e Matteo .... un appuntamento (avere)

Da imparare

Il telefono	*I* telefoni
La camera	*Le* camere
Lo studio	*Gli* studi
*L'*ufficio	*Gli* uffici

 C   Completi!

Qual' è la forma corretta: il, lo, la, l', i, le, gli?

1 ... singole	5 ... doccia	8 ... aperitivo
2 ... direttore	6 ... colleghe	9 ... alberghi
3 ... studenti	7 ... sigarette	10 ... studio
4 ... colleghi		

D   Ora tocca a Lei!

Con un(a) collega pratichi il dialogo fra Simonetta Giorgi e

Simonetta:	Colleghi – arrivano – lontano
Luca:	Prenotare – può – data
Simonetta:	Presentazione – 3 ottobre – 2 ottobre
Luca:	Esattamente?
Simonetta:	Penso – singole – direttore
Luca:	Confermare – doccia – doppie – inclusa

Dialogo 3 ───────────────────────────────

Luca descrive le sale conferenze.

Ascolti e ripeta!

ritorniamo	*let's return*
ben attrezzate	*well equipped*
immagino (immaginare)	*I imagine*
le sale sono dotate di	*the rooms are equipped with*
lavagna luminosa	*overhead projector*
i manifesti pubblicitari	*the publicity posters*
un'area espositiva	*a display area*
pannelli di varia grandezza	*pinboards of various sizes*
nonché	*as well as*
presso la ricezione	*at the reception*

Ascolti il dialogo!

Matteo Cerulli:	Ritorniamo alla presentazione. Le sale conferenze sono ben attrezzate, immagino.
Luca Martini:	Sì. Tutte le sale sono dotate di ottima attrezzatura: lavagna luminosa, televisione e video, telefono . . .
Simonetta Giorgi:	Per i manifesti pubblicitari, c'è un'area espositiva?
Luca Martini:	Certamente. Abbiamo pannelli di varia grandezza.
Simonetta Giorgi:	C'è anche una fotocopiatrice in tutte le sale?
Luca Martini:	No. Ma abbiamo un efficiente servizio fotocopie in bianco e nero e a colori, nonché un servizio telex e telefax presso la ricezione.
Matteo Cerulli:	Le sale sono silenziose?
Luca Martini:	Assolutamente. Tutte le sale sono insonorizzate e hanno l'aria condizionata.

Attività

A Colleghi i nomi ai disegni!

una fotocopiatrice
una televisione
una lavagna luminosa
un telex
un pannello
un telefax
un video-registratore
un telefono
i manifesti pubblicitari

Per comunicare bene

come descrivere le cose
il centro *storico*
i manifesti *pubblicitari*

l'aria *condizionata*
le sale *attrezzate*

ma attenzione!
un servizio *efficiente*
servizi *efficienti*

una presentazione *interessante*
presentazioni *interessanti*

B **Completi!**

Scelga la parola adatta dalla lista a destra per completare il testo!

storica/storico
bellissimo/bellissima
antica/antico
moderno/moderna
attrezzati/attrezzate
espositivo/espositiva
pubblicitari/pubblicitarie

L'Hotel Europa si trova nel centro ....
E' in un .... palazzo .... ma l'interno è
.... Le due sale conferenze sono ben
.... e c'è un'area .... per i manifesti
....

C   Ascolti!

Tutte le sale conferenze sono ben attrezzate ma qualche volta manca qualcosa. Che cosa manca?

	Sala Raffaello	**Sala Leonardo**	**Sala Michelangelo**
la lavagna luminosa			
il servizio telex			
il telefono			
la televisione			
un'area espositiva			
una fotocopiatrice			

 D   Ascolti e risponda!

Lei organizza una presentazione. Telefoni ad un albergo per verificare quali servizi offre.

Dialogo 4 _____

Matteo Cerulli e Camilla Gatti discutono il servizio ristorazione.

Ascolti e ripeta!

il servizio ristorazione	*the catering service*
per quanto riguarda	*as for*
che cosa propone? (proporre)*	*what do you suggest?*
un rinfresco all'arrivo	*light refreshments on arrival*
prima della colazione	*before lunch*
può darmi un'idea?	*can you give me an idea?*
tutti i menu	*all menus*
antipasti	*starters*
un primo	*a first course*
un secondo	*a main dish*
anch'io sono vegetariana	*I am also a vegetarian*

Ascolti il dialogo!

Matteo Cerulli: Per quanto riguarda rinfreschi e colazione che cosa propone, dottoressa?

Camilla Gatti: Dipende naturalmente dal suo programma. Normalmente proponiamo un rinfresco all'arrivo, un aperitivo prima della colazione e un rinfresco nel pomeriggio.

Matteo Cerulli: Può darmi un'idea del menù della colazione?

Camilla Gatti:	Abbiamo tre tipi di menù: il menù A da 25 000 lire, con un primo, un secondo, formaggi e frutta, il menù B da 35 000 lire, con un primo, un secondo, formaggi e frutta e il menù C da 40 000 lire, con antipasto, un primo, un secondo, formaggi, frutta e dolce.
Matteo Cerulli:	Forse ci sono partecipanti vegetariani: è un problema?
Camilla Gatti:	Assolutamente no! Anch'io sono vegetariana. Il menù vegetariano è molto vario e appetitoso.
Matteo Cerulli:	E per il vino?
Camilla Gatti:	Il vino è incluso in tutti i menù.

Attività

A **Vero o falso?**

1 Matteo Cerulli e Camilla Gatti discutono le camere.

2 Camilla Gatti propone un aperitivo all'arrivo.

3 . . . e un rinfresco nel pomeriggio.

4 Per la colazione ci sono tre menù.

5 Tutti i menù hanno un antipasto.

6 L'Hotel Europa offre anche menù vegetariani.

7 Il vino non è incluso.

 B **Ascolti!**

Simonetta telefona a un altro hotel, l'Hotel Repubblica, per avere informazioni sui menù. Che cosa offre l'Hotel Repubblica?

Menù Lire	Turistico	Speciale 45 000	Gastronomico ....
Antipasti			
Primo			
Secondo			
Formaggio			
Frutta			
Dolce			

C Colleghi correttamente domande e risposte

a) Che cosa propone?	**1** Assolutamente no!
b) Può darmi un'idea del menù?	**2** Sì, per persona.
c) È un problema?	**3** Dipende dal programma.
d) Il vino è extra?	**4** Abbiamo tre tipi di menù.
e) Il menù A è a 25 000 lire?	**5** No, il vino è incluso.

San Valentino da Lord Forte

«Innamorati, venite da noi!», hanno detto i manager alberghieri della Trusthouse Forte, prestigiosa catena che raggruppa oltre 800 alberghi in tutto il mondo. Lord Charles Forte, di origini italiane, gestisce un impero ma con

cuore tenero e si ricorda di festeggiare San Valentino. Nei suoi alberghi londinesi (Westbury, Cavendish, Russell, ecc.) dal 15 al 17 febbraio 2 notti, colazione e cena, fiori, cioccolatini e champagne in camera costano a coppia da 156 a 340 sterline, a seconda della categoria.

D Capisce?

1 Gli hotel Forte a Londra hanno un'offerta esculsiva per:
  a) clienti di origine italiana
  b) innamorati
  c) londinesi

2 Perchè Sir Charles Forte fa questa offerta speciale?
  a) perchè è di origine italiana
  b) perchè ha un cuore tenero
  c) perchè gestisce un impero di alberghi in Italia

3 Perchè l'offerta è originale?
  a) offre una notte da £156 a £340
  b) offre colazione e cena vegetariani
  c) offre fiori, cioccolatini e champagne in camera

E Ora tocca a Lei!

Completi il dialogo con un(a) collega

Lei: Per quanto riguarda i ...., che cosa ....?

Collega: Dipende dal ....

Lei: Che .... propone, normalmente?

Collega: Un caffè all'................, un aperitivo .... di colazione e un tè nel ....

Lei: Può darmi un'................ del menù della colazione?

Collega: .... tre tipi di ....

Lei: C'è un menù ....?

Collega: Sì, per i .... vegetariani c'è un menù molto ....

Italia oggi

L'industria in Italia

Le principali zone industriali sono nel triangolo Torino-Milano-Genova, dove c'è una forte concentrazione di industrie del settore elettronico, meccanico e della produzione di gomme, legno e carta.

L'industria tessile e dell'abbigliamento è principalmente in Lombardia, in Toscana e in Emilia Romagna.

Il Mezzogiorno è meno sviluppato da un punto di vista industriale ma offre molti esempi di successo nel settore dell'agricoltura e dei servizi.

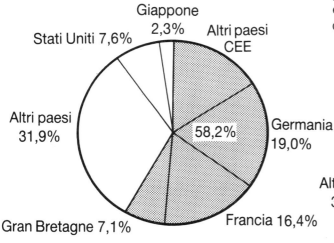

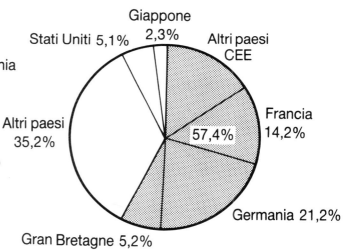

(b)

Communità Economica Europea

L'Italia esporta . . .

macchinari industriali
elettronica
moda, alimenti
oggetti di lusso
elettrodomestici

L'Italia importa . . .

macchinari industriali
materie prime
petrolio
Dati: *Uomini & Business, Gennaio 92*

Vero o falso?

1 Il Giappone importa il 7,6% delle esportazioni italiane.
2 La maggioranza delle esportazioni italiane è destinato ai paesi della Comunità Economica Europea.

3 Gli Stati Uniti importano più merci italiane che il Giappone.

Informazione flash

Aperto o chiuso?
Orari di apertura

Banche	8.30–1.30 + 1 ora minimo nel pomeriggio
Negozi	9.00–12.30 16.30–19.30
Uffici pubblici	8.00–14.00

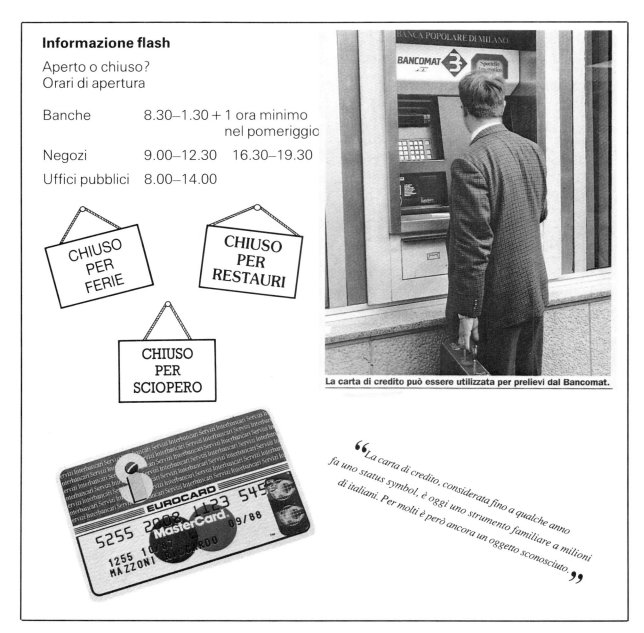

La carta di credito può essere utilizzata per prelievi dal Bancomat.

CHIUSO PER FERIE

CHIUSO PER RESTAURI

CHIUSO PER SCIOPERO

"La carta di credito, considerata fino a qualche anno fa uno status symbol, è oggi uno strumento familiare a milioni di italiani. Per molti è però ancora un oggetto sconosciuto."

Feste civili e religiose

1 Gennaio	Capodanno	1 Maggio	Festa del lavoro
6 Gennaio	Epifania	15 Agosto	Ferragosto
variabile	Pasqua	1 Novembre	Tuttisanti
	Lunedì dell'angelo	8 Dicembre	Immacolata Concezione
25 Aprile	Anniversario della	25 Dicembre	Natale
	Liberazione	26 Dicembre	S. Stefano

PRESENTAZIONE
CONFERENZE
DOTATI
VIDEO
PANNELLI
TELEX
PARTECIPANTI
INTERNA
ATTREZZATURA
FOTOCOPIATRICE
TELEFAX
SALA
TELEVISIONE
TELEFONO

```
D Z P M F O T O C O P I A T R I C E F L
T N A B Q K D O T A T I O S U F H R W M
V E Q X R T W P F A P V C B L O X T W U
X B L I I Q X A B R H N U R P R V B G G
D L A E E L D R I F F B Q F S A L A V C
D K H K F G L T C C X U M Q M Q P I Q T
R T L F I A K E H F L B P G G V D Y E L
A G S S Y X X C N V H E R G N E N L H V
L P V H J V L I L N W V E T O W E S A G
B A I L E U F P E K A T S S A X F R J I
Q I G P M F O A V C E P E Z T G U U N S
A K T M I Q A N H S S A N R S T Q T P Y
N C L X G Z U T H U L D T J A H E B G K
A R Y H Z I V I X L I M A Z H R J T S Y
S E Z N E R E F N O C N Z J N A X P B O
S T E L E V I S I O N E I A P T Z B A M
B A T D A Z M B U A R X O G Z Z Y M H X
T O N O F E L E T T I B N D N A M T P L
Z Z H N Y Z 1 J T W H N E J U D L H N F
L A T D Z L Q A Y P W X F G U R W P B A
```

Action checklist

Before going on to Stage 4 make sure you can:

- *elicit information on participants*
  quante persone partecipano?
- *enquire about hotel services*
  vorrei sapere quali servizi offre l'hotel
- *explain the company's structure*
  ci sono tre filiali
- *describe geographical location*
  si trova a . . ./è nel nord del
- *explain hotel room requirements*
  penso 28 singole
- *ask if rooms are available*
  le camere sono disponibili . . .
- *plan a romantic celebration*
  vorrei festeggiare San Valentino . . .

In Stage 4 you will learn how to:
- show a prospective client around
- discuss services
- comment on facilities in conference rooms
- exchange first impressions

Prima di tutto

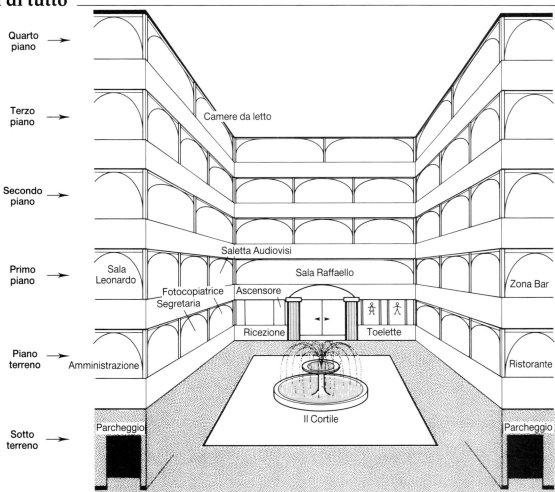

Quarto piano →

Terzo piano →   Camere da letto

Secondo piano →

Saletta Audiovisi

Primo piano → Sala Leonardo   Sala Raffaello   Zona Bar

Fotocopiatrice Segretaria Ascensore

Ricezione   Toelette

Piano terreno → Amministrazione   Ristorante

Il Cortile

Sotto terreno → Parcheggio   Parcheggio

Dialogo 1

Camilla Gatti invita Simonetta Giorgi e Matteo Cerulli a visitare l'hotel.

 Ascolti e ripeta!

fare un giro	*take a walk around*
di quello che offriamo (offrire)*	*of what we have on offer*
ma mi dica	*but please tell me*
problemi di parcheggio	*parking problems*
mantiene (mantenere)*	*it retains*
manifestazioni	*shows*
andiamo (andare)* su?	*shall we go upstairs?*

 Ascolti il dialogo!

Camilla Gatti: Se ha tempo, dottore, propongo ora di fare un giro per avere un'idea precisa di quello che offriamo.

Matteo Cerulli: E' una buona idea. L'hotel ha un'ottima posizione nel centro storico, ma mi dica, ci sono problemi di parcheggio?

Camilla Gatti: No, abbiamo un ampio parcheggio sotterraneo per i clienti. Come vede, il palazzo è ben ristrutturato e ammodernato ma mantiene le sue caratteristiche. Per esempio, in estate organizziamo manifestazioni nel cortile centrale . . .

Matteo Cerulli: La fontana al centro è magnifica. Che cosa c'è al pianterreno?

Camilla Gatti: Al pianterreno abbiamo tutti i servizi e l'amministrazione sulla sinistra. A destra come vede, c'è una zona bar e la sala ristorante che può ospitare 200 persone. Andiamo su?

Luca Martini: Al primo piano ci sono le sale conferenze, la saletta audiovisivi e una zona bar per i rinfreschi. Le camere sono al secondo, al terzo e al quarto piano.

Attività

A Capisce?

1 Dove si trova l'hotel?

2 Ci sono problemi di parcheggio?

3 Com'è l'hotel?

4 Che cosa organizzano in estate?

5 Che cosa c'è al pianterreno?

6 Dove si trova il ristorante?

7 Le camere sono al primo piano?

B **Ora tocca a Lei**

Lavoro a coppie

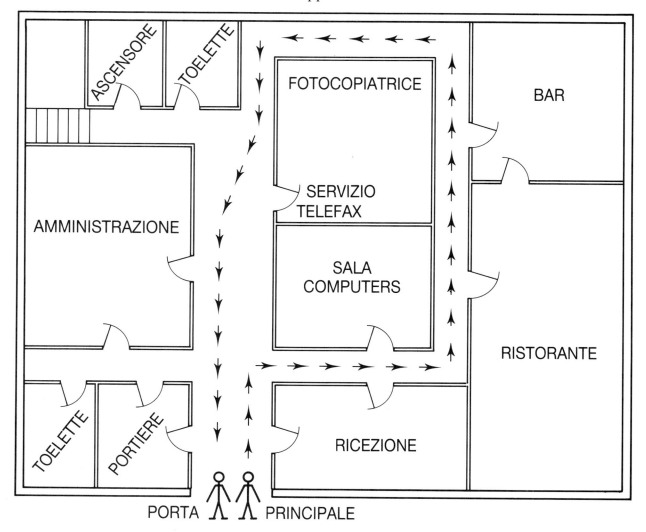

Ecco il pianterreno di un albergo. Conduca un cliente in visita!

Da imparare

Dove va?
al ristorante   all'albergo   alla cabina telefonica

Dov'è?
è nel parcheggio   è nella sala conferenze

C Risponda!

1 Dov'è il televisore?

2 Dov'è la fotocopiatrice?

3 Dov'è l'hotel?

4 Dove va Luca?

5 Dove va Luisa?

6 Dove va Camilla?

Dialogo 2

La visita all'hotel continua.

 Ascolti e ripeta!

da quanto tempo . . . ?	*how long . . . ?*
dal 1980	*since 1980*
manifestazioni promozionali	*promotional events*
a richiesta	*on request*
a vantaggio delle aziende	*to the companies' advantage*
spese di trasferta	*travel expenses*
tariffa oraria	*hourly rate*
noleggio auto	*car hire*
tramite Videotel	*by means of the Videotel service*
vogliamo salire al primo piano?	*shall we go up to the first floor?*

Ascolti il dialogo!

Simonetta Giorgi:	Da quanto tempo l'Hotel Europa opera nel settore congressi?
Camilla Gatti:	Dal 1980. All'inizio con un gruppo limitato di partecipanti e principalmente per aziende della regione. Ora abbiamo una capacità di circa 100 persone e sale attrezzate per seminari, convegni, manifestazioni promozionali . . .
Matteo Cerulli:	C'è un servizio di segreteria per i clienti?
Camilla Gatti:	Certamente. A richiesta possiamo organizzare servizio di segreteria e di interprete. Ovviamente questo è a vantaggio delle aziende che evitano così spese di trasferta del personale.
Matteo Cerulli:	Questi servizi sono compresi nel costo?
Camilla Gatti:	Dipende. Il servizio di segreteria è gratuito, come anche il servizio noleggio auto, prenotazione viaggi tramite Videotel, prenotazione spettacoli e l'uso della palestra e della sauna. Nel caso del servizio di interprete c'è una tariffa oraria. Vogliamo salire al primo piano?

Attività

A Vero o falso?

1 L'Hotel Europa opera nel settore congressi dal 1980

2 Inizialmente solo con aziende della regione

3 Le sale hanno una capacità totale di cento persone

4 L'hotel può organizzare servizi di supporto

5 I servizi sono vantaggiosi per le aziende

6 Tutti i servizi sono compresi nel costo

7 L'hotel può prenotare uno spettacolo

B Colleghi le due colonne!

a) con un gruppo		**1** promozionali
b) questi servizi sono		**2** attrezzate
c) abbiamo sale		**3** limitato
d) per manifestazioni		**4** oraria
e) c'è una tariffa		**5** compresi

 C Ascolti!

Luca Martini verifica le richieste di servizi per la settimana. Alcuni servizi sono già segnati sul calendario. Segni le nuove richieste.

Servizio	Lunedì		Martedì		Mercoledì	
	mattino	pomeriggio	mattino	pomeriggio	mattino	pomeriggio
Segretaria				*		*
Fotocopie						
Interprete						
Noleggio	*		*			*
Sauna			*			
Prenotazione viaggi		*				*

Per comunicare bene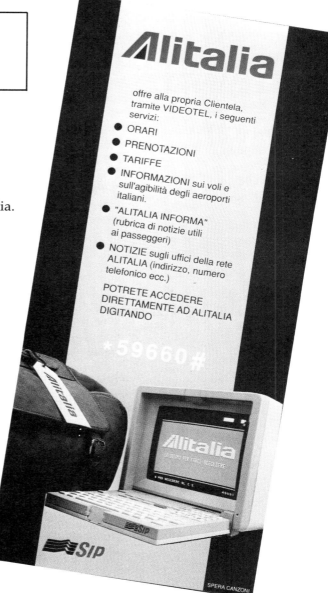

Da quanto tempo . . . opera . . .
Dal 1980

D   Vero o Falso?

Con il Videotel possiamo . . .

1 prenotare un volo.

2 comunicare direttamente con Alitalia.

3 ottenere informazioni sui voli.

4 vincere una valigia blù.

E   **Ora tocca a Lei!**

Lei si informa sui servizi che offre un altro albergo presso la ricezione.

Modello: C'è un servizio di segreteria?
A richiesta possiamo organizzare un servizio segreteria.

Dialogo 3

Visita alle sale conferenze.

 Ascolti e ripeta!

la sala più piccola	*the smaller room*
dipende dal tipo di iniziativa	*it depends on the type of event*
una sistemazione flessibile	*a flexible lay-out*
intorno a	*around*
in entrambe le sale	*in both rooms*
fra le due	*between the two*

 Ascolti il dialogo!

Luca Martini: Questa è la sala Leonardo, la sala più piccola. Come vede, può ospitare comodamente circa quaranta persone.

Matteo Cerulli: La sistemazione della sala è fissa?

Luca Martini: No, dipende dal tipo di iniziativa. Per i lavori di gruppo, per esempio, organizziamo una sistemazione flessibile, diciamo da quattro a otto poltroncine intorno a ogni tavolo.

Matteo Cerulli: Le attrezzature sono uguali in entrambe le sale?

Luca Martini: Essenzialmente sì. Entrambe le sale sono dotate di telefono, televisore e video, lavagna luminosa e schermo ma lo schermo nella sala Raffaello è più grande. Le sale sono insonorizzate, quindi molto silenziose.

Matteo Cerulli: Questa piccola sala fra le due mi sembra adatta ad una esposizione. È la saletta audiovisivi, vero?

Attività

A   Vero o falso?

1 La sala Leonardo è la sala più grande.

2 La sistemazione della sala è fissa.

3 Le attrezzature non sono uguali nelle due sale.

4 Le sale sono molto silenziose.

5 C'è una terza sala adatta ad una esposizione.

Per comunicare bene 16▷

La sala Leonardo **è più piccola della** sala Raffaello o la sala Leonardo **è meno grande della** sala Raffaello.
La sala Raffaello **è più grande della** sala Leonardo o la sala Raffaello **è meno piccola della** sala Leonardo.

B Completi!

Più o meno? Scelga la parola adatta per completare le frasi:

1 Matteo è .... di Simonetta

2 Simonetta è .... di Matteo

3 Camilla è .... di Luca

4 Luca è .... di Camilla

	+	più	o	meno	−
grande	piccolo	grasso	magro	nervoso	calmo
	piccola	grassa	magra	nervosa	calma

C Completi!

Scelga la parola adatta e completi!
Matteo Cerulli visita l'Hotel Europa per avere un'idea
.... (preciso/a) di quello che offre. L'hotel ha un'
.... (ottimo/a) posizione nel centro .... (storico/
a). Ha un .... (ampio/a) parcheggio ....
(sotterraneo/a). È ben .... (ristrutturato/a) e ....
(ammodernato/a). Le sale sono .... (insonorizzati/e),
quindi molto .... (silenziosi/e). Sono ....
(dotati/e) di telefono, televisore, video eccetera. L'Hotel
sembra .... (adatto/a) alla presentazione.

D Capisce?

Lei organizza un congresso internazionale a Bologna per 65
persone. Va bene questo albergo?

1 C'è una sala conferenze adatta?

2 C'è un'area espositiva?

3 C'è un servizio traduzione?

4 C'è un ristorante?

5 E' facile telefonare dalla camera?

**Grand Hotel Bologna
e dei Congressi**
Via Ponte Nuovo 42
40066 Pieve di Cento (BO)
Tel. 051/6861070/6861090
Telefax 051/974835

Categoria: ****4 stelle
Camere: 130 / 12 Suite / Letti 282
Centro ristorativo ''I GABBIANI'' - Sala ban-
chetti 280/2000 posti - Meeting piano bar -
Telefono in camera con linea esterna diretta
- Noleggio automezzi a richiesta - Fitness
center - Parrucchiera - Bowling - Pizzeria -
Golf - Maneggio - Eliporto - Centro di medicina sportiva - Tennis - Campo di calcio - Piscina - Palestra - Solarium - Centro congressi
capacità sale da 10/70/300/400/2000 posti -
Servizio congressi - Traduzioni simultanee -
Palaconcerti - Auditorium - Area espositiva
mq. 400 passerelle a richiesta - Servizio audiovisivi - Prenotazioni con conferme imme-
diate - Centro prenotazioni Grand Hotel Bologna e dei congressi tel. 051/6861070
Fax 974835.

6 Se i partecipanti vogliono visitare la regione, c'è la
possibilità?

7 Se voglio prenotare, qual'è il numero di telefono?

Dialogo 4

Mentre Camilla Gatti e Luca Martini parlano con il personale,
Matteo Cerulli e Simonetta Giorgi scambiano le loro impressioni.

 Ascolti e ripeta!

cosa ne pensi?	*what do you think about it?*
l'ambiente è molto gradevole	*the atmosphere is very pleasant*
secondo me	*in my opinion*
disposizione dei tavoli	*arrangement of the tables*
disponibilità verso il cliente	*willingness to please the client*
sono d'accordo	*I agree*
fanno veramente del loro meglio	*they really do their best*
una buona impressione	*a good impression*
andiamo a salutare?	*shall we go and say goodbye?*

Ascolti il dialogo!

Matteo Cerulli:	La sala Leonardo mi sembra adatta alla nostra presentazione. Cosa ne pensi?
Simonetta Giorgi:	La prima impressione è certamente buona. Ci sono tutti i servizi necessari e l'ambiente è molto gradevole. Ho solo un piccolo dubbio . . .
Matteo Cerulli:	Dimmi . . .
Simonetta Giorgi:	Se abbiamo quaranta partecipanti secondo me non c'è molto spazio per l'esposizione dei materiali pubblicitari, non pensi?
Matteo Cerulli:	Beh, ci sono i pannelli espositivi, e poi dipende dalla disposizione dei tavoli . . . Io sono veramente impressionato dalla qualità e dalla disponibilità verso il cliente . . .
Simonetta Giorgi:	Sono d'accordo. Fanno veramente del loro meglio per assicurare un servizio di prima qualità. È un ottimo posto per fare una buona impressione sui nostri clienti in futuro. Andiamo a salutare?

Attività

A   Vero o falso?

    1 Secondo Matteo la sala Leonardo va bene.

    2 Simonetta non è completamente d'accordo.

    3 Secondo Simonetta c'è spazio sufficiente.

    4 Secondo Matteo il personale dell'albergo è molto disponibile.

    5 La disposizione dei tavoli è flessibile.

    6 Secondo Simonetta l'ambiente dell'albergo crea una buona impressione.

B   Ascolti!

Simonetta visita cinque hotel. Cosa ne pensa?

Hotel / Opinione	Favorevole	Sfavorevole	Incerta
ASTORIA			
BAGLIONE			
BELVEDERE			
REGINA			
MILANO			

C   Ora tocca a Lei!

Completi il dialogo con un(a) collega

Lei: Cosa .... della sala Leonardo?

Collega: .... sembra .... alla nostra presentazione. Tu cosa .... pensi?

Lei: Ho un piccolo ....: dove mettiamo i .... espositivi?

Collega: È vero, non .... 'è molto ....

Lei: Però dipende dalla .... dei tavoli, non ....?

Collega: L'................ generale è certamente buona. L'................ è molto gradevole e ci sono tutti i servizi ....

Lei: Sono d'................ È un .... posto.

D   Ora tocca a Lei!

Ecco i dettagli di 9 alberghi. Cerchi l'albergo più adatto alle occasioni indicate sotto e poi scambi le sue impressioni con un(a) collega, usando come guida le opinioni nel diagramma.

Modello: Per una riunione d'affari (occasione)
          L'hotel . . .
          Mi sembra adatto (opinione)

Opinione

Occasione

1 Per una riunione d'affari di lusso

2 Per una vacanza in montagna

3 Per una luna di miele

4 Per una vacanza familiare

5 Per una vacanza gastronomica

6 Per una vacanza archeologica

7 Per un viaggio d'affari economico

8 Per una vacanza rigenerante

****   **Bellevue**

p. Kennedy 12, meublé, tel. 390490, centrale, vicino al mare

🖥✚⛪♿⚕ (rist.) ⚕🚺🚹🚻 📺

cam. 67, b. 42, d. 25 ☎💻▣🄵📺

■   ☐☐☐☐☐

Ottima struttura adatta soprattutto ad un turismo d'affari e congressuale.

***   **Le Colline**

loc. Sa Sedda de Mario Usai, tel. 9300123, periferico, in collina

⊕✇🄿✚⛪⚕♿⚕

cam. 20, d. 20 ☎💻🄿. ⚕🚺🚹✗🏹⚓

☐☐☐☐☐

Appena inaugurato, in stile moderno, immerso nella collina in zona di notevole interesse archeologico.

****   **Napoleon**

v. Europa 1, meublé, tel. 53141, semicentrale

🖥🄿✚⛪⚕

cam. 63, b. 40, d. 23 ☎💻🄵📺. ⚕🚺🚹

☐☐☐☐☐

Classico albergo comodo per gente d'affari; il ristorante funziona soltanto per gruppi.

San Rocco
*****

v. Gippini 11, tel. 905632, centrale

cam. 74, b. 74 (39)

Ricavato da un antico convento del '700, situato in uno degli angoli più pittoreschi del lago. Ristorante dalle ampie vetrate direttamente sul lago, offre cucina raffinata sia locale che internazionale.

Valcalda
***

v. Edelweiss 8/10, tel. 66120, centrale, stagionale

cam. 32, b. 5, d. 27

Moderno e funzionale, ben arredato, vista sulle Alpi Carniche, nei pressi degli impianti di risalita, atmosfera familiare.

Flora Alpina
**

loc. Bielciuken, tel. 355179, vicino agli impianti di risalita, stagionale

cam. 15, d. 15 (15) (15)

Vicinissimo agli impianti di risalita e frequentato quindi da sciatori.

Locanda Cipriani
***

loc. Torcello, p. S. Fosca 29, tel. 730150, centrale, stagionale

cam. 6, b. 6

Nella suggestiva Isola di Torcello è ubicata questa costruzione rustica, davvero unica per l'ambiente romantico, la qualità e la classe del servizio. Ha ospitato numerosi ospiti illustri.

La Residence
****

v. Monte Ceva 8, tel. 8668333, centrale, stagionale

(cam.)

cam. 116, b. 106, d. 10 (15)

Struttura imponente e moderna, circondata da un ampio parco con piscina. Arredamento classico ed elegante. Fangoterapia, beauty and fitness club.

La Cisterna
***

p. della Cisterna 24, tel. 940328, centrale, stagionale

(rist.)

cam. 50, b. 26, d. 24 -

Convento trecentesco ristrutturato, che s'affaccia sulla romantica piazza e sulla campagna; camere arredate in stile fiorentino e veneziano, ristorante panoramico con rustica loggia.

HOTEL
POSIZIONE
PARCHEGGIO
SOTTERRANEO
RISTORANTE
PALESTRA
RISTRUTTURATO
AMMODERNATO
CORTILE
OSPITARE
SAUNA
FONTANA
SALETTA
BAR

```
Y C P O S P I T A R E J D L I O U N Y V
F O V K S S Q P B E M Q F H W J E B Y F
F F O N T A N A M T Z Y P U U N W O Z I
P W O E N A R R E T T O S L I O T H T J
O A R L X O I Q O C V U Y S O A V H F H
R I L U I J Y A L C G Z J I R I O H W H
Y G Q E G D L V L E U N G U Q P T K C F
C E D O S S R H A E E G T E M I U G V I
E S A A G T U Z P L E T V R T P G O K L
V L U W Q B R H A H U L L X V X T D E A
C O R T I L E A C R X P E K T A L T W L
V E A D A M N R T Q O V L T N O N N I S
V O Q D Y U A S F S V G W R O A Y W J A
N G T S Z P I N I J D A E Q R H Q F Z L
S T M P P R K Z U K B D I O V C R B O E
C V X G U C I Y F A O F T E D Q G E I T
K S O Z D O Q Q L M S S V R L X L Z F T
B A R O N O R F M N I O Z J Y U P O I A
Z F H E U G P A O R C K O O D Z E Y P E
Z L K M Q X Z S C L G N G B S R W T V X
```

● ●

Italia oggi

Aziende e innovazione

Lo sviluppo economico degli anni 70 e 80 è dovuto in gran parte alle piccole, medie e grandi imprese che operano in modo flessibile e innovativo. Ecco alcuni esempi.

ristrutturare

diversificare

SETTORE	AZIENDA	FATTURATO*	CARATTERISTICHE
Alimentare	Eridania	8 459	usa in modo nuovo le materie prime
Biotecnologie	Acqua	460	disinquina
Editoriale	Fininvest	8 000	rivoluziona il settore televisivo
Chimica e			è leader mondiale nella
Farmaceutica	Fidia	330	neurologia
Design e Arredamento	Targhetti	100	inventa sistemi di illuminazione
Informatica	Olivetti	8 407	è leader nel settore dei brevetti
Robotica	Comau	845	produce robot per il settore auto
Metalmeccanica e auto	Fiat Auto	25 267	usa tecnologie avanzate
Telecomunicazioni e spazio	Telettra	1 086	produce chips ultraveloci *high speed*
Tessile e abbigliamento	Benetton	1 475	innova il mercato dell'abbigliamento casual

* In miliardi di lire. (*Fortune*, giugno 1989).

1 La Comau si occupa di ....
2 La Telettra è innovativa nel settore delle ....
3 Nel settore .... la Benetton è innovativa
4 La Targhetti si occupa di ....
5 La .... produce chips ultraveloci.

[handwritten annotations at top] P.L.C. = public company (not State owned)
limited liability / ← capital in shares)
(= joint stock company)

NONNA AMELIA

Il nome della pasta fresca.

Informazione flash

S.p.A. = Società per Azioni. Società privata. Il capitale è rappresentato dalle azioni Risponde con il proprio patrimonio per gli impegni assunti verso terzi.

S.r.l. = Società a responsabilità limitata. Società privata. Il capitale non è rappresentato da azioni. Risponde con il proprio patrimonio per gli impegni assunti verso terzi

S.n.c. = Società in nome collettivo. I soci rispondono senza limiti con il proprio patrimonio per gli impegni assunti.

[handwritten: (private company)]

- -

Action checklist

Before going on to Stage 5 make sure you can:

- *suggest taking a walk around*
  propongo di fare un giro
- *ask if there are any problems*
  ci sono problemi . . . ?
- *describe the building*
  il palazzo è ben ristrutturato
- *describe location of facilities*
  al pianterreno . . . al primo piano . . .
- *describe direction*
  a destra . . ./a sinistra . . .
- *describe position*
  nella sala conferenze . . .

- *state how long someone has been working in a sector*
  opera nel settore conferenze da . . .
- *offer optional services*
  a richiesta possiamo organizzare . . .
- *enquire about inclusive cost*
  sono compresi nel costo . . . ?
- *begin to make comparisons*
  è più piccolo di . . .
- *express an opinion*
  mi sembra . . ./la prima impressione è . . .
- *express agreement*
  sono d'accordo

Difficoltà e soluzioni

In Stage 5, you will learn how to:

- sum up information and elicit opinions
- discuss a problem and take action to solve it
- seek confirmation of a provisional booking
- prepare a quotation

Prima di tutto

Bologna, che cosa offre di speciale?

OSVALDO® STORE

Casalecchio di Reno, Bologna
Via dell'Esperanto, 14 - ☎ 577972

*Per il tuo abbigliamento in jeans
e la tua voglia di moda....
ma con i prezzi giusti!*

Come raggiungerlo: A Casalecchio di Reno, Via dell'Esperanto 14 è una laterale di Via Garibaldi, nei pressi dello svincolo della tangenziale (Emilianauto).

BRASIL CLUB

BRASIL CLUB
Ponte Ronca - Zola Predosa
Via Risorgimento, 410 - ☎ 7577113

*«Vivi tutto l'anno in una notte!
Quando la tua pelle si riempe
di ritmo tu immediatamente
diventi protagonista!»*

Ogni sera sarà premiata la fantasia e l'armonia del tuo corpo.

Come raggiungerlo: Ponte Ronca è situata a cinque minuti da Bologna, prendendo la tangenziale uscita Bazzanese.

 carlos
hair group donna uomo

Bologna, Via Marconi, 18 - ☎ 228541-222331
Fino al compimento dei tuoi 20 anni sconto del **25%** per donna
e uomo su shampoo, piega, taglio e trattamenti del capello,
ritirando gratuitamente da Carlos la *Style Card*

Come raggiungerlo: Via Marconi da Via Ugo Bassi mette in P.zza dei Martiri.

 VIDEO PUB BIRRERIA FRATELLI POLLACCI
Via F.lli Cervi, 2 - Ozzano Emilia (BO)
☎ 798257
Aperto dalle ore 19 fino a tarda notte. Chiuso
per turno il lunedì.

Tra le Birrerie più fornite d'Italia. 10 tipi di birre alla spina ricercate. Specialità:
primi piatti, stuzzichini e una cascata di desserts particolari.
Come raggiungerlo: Ozzano dell'Emilia, Km. 12 da Bologna fuori P.ta Maggiore; oppure a
soli 5 minuti dall'uscita tangenziale di San Lazzaro.

TRATTORIA
da Adolfo
... IL MATTO

*Chi dice che il mio
mangiare none buono?*

Locale tipico bolognese con
cucina casalinga in un ambiente
familiare, allegro e godereccio.

SI CONSIGLIA LA PRENOTAZIONE

Chiuso la Domenica

CORTE GALLUZZI, 7 - BOLOGNA - TELEFONO 22.64.81

1 Per una notte vibrante di musica dove si va?

2 Dove si trovano moltissimi tipi di birre?

3 All'Osvaldo Store, che cosa si compra e come sono i prezzi?

4 Che cosa offre Carlos ai giovani di meno di vent'anni?

5 Adolfo ispira fiducia o paura? Si mangia bene da lui?

Dialogo 1

Nel pomeriggio, Camilla Gatti e Luca Martini commentano l'incontro con la Italsistemi.

 Ascolti e ripeta!

l'incontro ha avuto buon esito	*the meeting went well*
se non sbaglio	*if I am not mistaken*
da confermare	*to be confirmed*
Luisa ha già ricevuto	*Luisa has already received*
tutto il giorno	*the whole day*
la Italtek ha prenotato	*Italtek has booked*
non ha ancora confermato	*it hasn't been confirmed yet*

 Ascolti il dialogo!

Camilla Gatti: L'incontro ha avuto buon esito, mi pare. Cosa ne pensi, Luca?

Luca Martini: Sì, il dottor Cerulli sembra interessato. Vediamo un attimo le richieste. Dunque: una sala da quaranta posti per il 3 ottobre, rinfreschi e prima colazione e ventotto camere singole per la notte del 2 ottobre . . .

Camilla Gatti: . . . e una doppia, se non sbaglio.

Luca Martini: Sì, ma questa è da confermare. Un momento, no, Luisa ha già ricevuto un messaggio dalla Italsistemi. Sono ventinove singole. Per le camere non c'è problema.

Camilla Gatti: La Leonardo è libera tutto il giorno?

Luca Martini: La Italtek ha prenotato la Leonardo il tre, solo la mattina dalle 9.00 alle 13.00 ma non ha ancora confermato. Ora verifico . . . Luisa la Italtek, per favore.

Attività

A   Capisce?

Queste frasi sono tutte sbagliate. Le corregga!

1 Camilla e Luca commentano la visita dell'Italtek.

2 Il dottor Cerulli non è molto interessato.

3 La Italsistemi ha bisogno di ventotto camere singole.

4 Luisa Bertinelli non ha ancora ricevuto un messaggio dalla Italsistemi.

5 La sala Leonardo è libera tutto il giorno.

Per comunicare bene

Oggi	o		ieri?	
martedì 28	La Italtek conferma la prenotazione oggi?		lunedì 27	No, la Italtek ha confermato la prenotazione ieri.
giovedì 3	La Italtek prenota la Leonardo oggi?		mercoledì 2	No, la Italtek ha prenotato la Leonardo ieri.

Da imparare

Camilla *ha* parl*ato* con Luca.   (parlare)
Luisa *ha* ricev*uto* il messaggio (ricevere)
Matteo *ha* cap*ito*   (capire)

 B   **Ora tocca a Lei!**

Questa è una lista di cose che Matteo Cerulli fa ogni giorno. Scriva quello che ha fatto ieri!

1 *Riceve* molti messaggi.   (ricevere)

2 *Finisce* di leggere la sua corrispondenza.   (finire)

3 *Parla* con Simonetta   (parlare)

4 *Telefona* a dei clienti   (telefonare)

5 *Fuma* troppe sigarette   (fumare)

6 *Mangia* al ristorante   (mangiare)

C   **Ascolti e risponda!**

La famiglia è sempre molto importante in Italia. Luca Martini visita la nonna e racconta la sua giornata. Purtroppo lei ha difficoltà di udito. Ascolti quello che dice la nonna e risponda come se Lei fosse Luca Martini.

Dialogo 2

Luca Martini e Camilla Gatti verificano l'attrezzatura nelle sale conferenze.

Ascolti e ripeta!

Mentre aspettiamo la comunicazione	*while we wait for the call*
vogliamo verificare . . . ?	*shall we check . . . ?*
Al momento	*at the moment*
tutto è a posto	*everything is OK*
è in riparazione	*is being repaired*
Secondo lui	*according to him*
da sostituire	*(are) to be changed*
Che esagerazione!	*that's a bit of an exaggeration!*
un anno fa	*a year ago*
ci penserò	*I shall think about it*
nel frattempo comunque	*in the meantime however*

Ascolti il dialogo!

Camilla Gatti: Mentre aspettiamo la comunicazione con la Italtek, vogliamo verificare l'attrezzatura delle sale?

Luca Martini: Dunque, al momento la Olivetti usa la sala Raffaello e tutto è a posto, ma il televisore nella sala Leonardo non funziona. È in riparazione da Bernado da martedì.

Camilla Gatti: Cosa ne pensa Bernardo?

Luca Martini: Secondo lui entrambi i televisori sono da sostituire.

Camilla Gatti: Che esagerazione! Ho comprato i due televisori solo un anno fa! Va bene, ci penserò.

Luca Martini: Nel frattempo comunque ho noleggiato due televisori fino alla fine della settimana. Domenica non abbiamo impegni per le sale.

Attività

A   Vero o falso?

1 Camilla Gatti verifica l'agenda.

2 C'è un problema per la sala Raffaello.

3 Il televisore della sala Leonardo non funziona.

4 Secondo Bernardo è possibile riparare il televisore.

5 Per domenica non ci sono problemi.

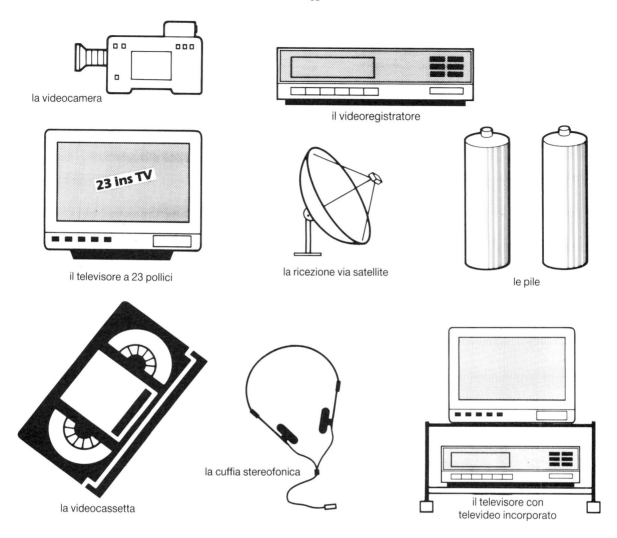

la videocamera

il videoregistratore

23 ins TV

il televisore a 23 pollici

la ricezione via satellite

le pile

la videocassetta

la cuffia stereofonica

il televisore con televideo incorporato

VENERDÌ
13

B Colleghi le due colonne. Oggi è una giornata poco fortunata. Che disastro!

a) La cuffia stereofonica   1 è in riparazione

b) Le pile   2 sono danneggiate

c) Il videoregistratore   3 sono in riparazione

d) Entrambi i televisori   4 è da sostituire

e) La videocamera   5 sono scariche

f) Le videocassette   6 non è chiara

g) La ricezione via satellite   7 non funziona

C   Ora tocca a Lei!

Anche Lei ha un problema tecnico. Trovi una soluzione con l'aiuto un(a) collega.

Modello: Roberto, *il videoregistratore* non funziona!
Non importa, Tommaso, *ne ho* noleggia*to un altro*

Maura, *la cuffia* è danneggiata!
Non importa, Paolo, *ne* ho comprat*a un'altra*

cercare
noleggiare
trovare
comperare

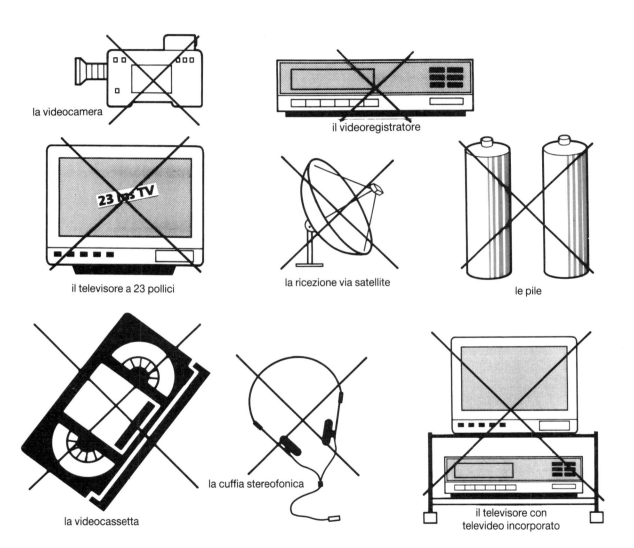

la videocamera

il videoregistratore

il televisore a 23 pollici

la ricezione via satellite

le pile

la videocassetta

la cuffia stereofonica

il televisore con
televideo incorporato

D   Ascolti!

1 Che tipo di apparecchio è in vendita?

   a uno schermo per lavagna luminosa
   b un televisore
   c una videocassetta

2 Com'è lo schermo del modello Stellar?

   a rotondo
   b ovale
   c quadrato

3 Di che cosa è dotato?

   a di pile
   b di cuffie stereofoniche
   c di sintonizzatore

4 Che cosa consente il sistema Stellar?

   a ricevere programmi europei
   b ricevere programmi 24 ore su 24
   c ricevere solo programmi italiani

5 Che vantaggio c'è ad acquistare questo tipo di apparecchio prima della fine del mese?

   a due biglietti gratis per il cinema
   b videocassette gratuite per registrare
   c videocassette gratuite sul cinema italiano

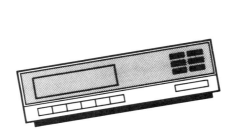

Dialogo 3

Luca Martini chiede conferma della prenotazione della Italtek.

Presentazione

Come si chiama?

Mi chiamo Sergio Bonacore.
Sono ingegnere e lavoro per la Italtek da dieci anni.
Ho 50 anni. Sono di Trento.

Ascolti e ripeta!

in linea	*on the line*
a proposito della prenotazione	*about the booking*
senz'altro	*certainly (without doubt)*
un affare	*a business deal*
già concordata	*already agreed*
conto su di Lei	*I am counting on you*
del nostro meglio	*our best*
non si preoccupi! (preoccuparsi)*	*don't worry!*
mi metterò in contatto con Lei	*I'll get in touch with you*
gli ultimi dettagli	*the final details*

Ascolti il dialogo!

Luisa Bertinelli: Luca, ecco la Italtek in linea.

Luca Martini: Ingegner Bonacore? Buongiorno. Sono Martini dell'Hotel Europa. Come sta, ingegnere?

Sergio Bonacore: Bene grazie. Lei mi telefona a proposito della prenotazione per il nostro seminario, vero?

Luca Martini: Esatto. Una sala per trentacinque persone per il tre ottobre. Lei può confermare adesso?

Sergio Bonacore: Senz'altro. Mi scusi se non ha confermato prima ma ho passato gli ultimi quattro giorni in Danimarca per un affare importante.

Luca Martini: Ho capito. Mi dica, ingegnere, la data del seminario è confermata proprio per il tre?

Sergio Bonacore: Sì, perchè questa data è già concordata con il conferenziere. Conto su di Lei.

Luca Martini: Non si preoccupi, ingegnere! Lei sa che facciamo sempre del nostro meglio, soprattutto per un affezionato cliente come Lei. Mi metto in contatto con Lei alla fine di settembre per gli ultimi dettagli.

Attività _____

A Capisce?

   1 Per quale ditta lavora l'ingegnere Bonacore?

   2 Perché Luca Martini telefona all'ingegnere?

   3 Perché l'ingegnere Bonacore non ha confermato prima?

   4 Perché la data il 3 ottobre è essenziale?

   5 C'è un problema, secondo Lei?

Per comunicare bene

Di dov'è?

mi chiamo
Daniel O'Leary
sono di Dublino
sono irlandese
Lavoro dal 1989

mi chiamo
Gwyn Williams
sono di Cardiff
sono gallese
Lavoro da un anno

mi chiamo
Rebecca Angus
sono di Edinburgo
sono scozzese
Lavoro da tre mesi

mi chiamo
Ben Smith
sono di Londra
sono inglese
Lavoro dal 1991

B Lavoro a coppie. Legga la scheda qui sotto e con un/a collega, faccia delle domande sulle informazioni.

Modello: Come si chiama?
Mi chiamo Roberto Denti.
Di dov'è?
Sono di Parma in Italia. Sono italiano. Lavoro da 6 anni.

NOME	NAZIONALITÀ	CITTA	PAESE	LAVORO
Ernst Giese	tedesco	Montabaur	Germania	1990
Nicole Devin	francese	Nantes	Francia	2 mesi
Jan Peters	olandese	Didam	Olanda	15 anni
Regina Hammer	austriaca	Linz	Austria	1987
Carmen Alba	spagnola	Barcelona	Spagna	giovedì
Svend Jacobsen	danese	Copenhagen	Danimarca	3 settimani

Da imparare

di; del; dello; dell'; della.

  C Chieda al suo segretario di scrivere queste cose!

Fammi la cortesia di scrivere!   l'indirizzo .... hotel
la data .... conferenza
il nome .... dottore
la data .... prenotazione
il nome .... ingegnere
l'indirizzo .... cliente

D   Identifichi questi paesi!

a) ____ ⬚ _____

b) ⬚ _____

c) ⬚ _____

d) ___ ⬚ ___

e) ⬚ _____

f) ⬚ _____

g) _____ ⬚

h) _____ ⬚

i) __ ⬚ ___

j) ___ ⬚ ____

Le lettere in evidenza formano un saluto in italiano.
Qual'è? ....

Dialogo 4

Camilla Gatti e Luca Martini preparano il preventivo per la Italsistemi.

 Ascolti e ripeta!

preventivo	*quotation / estimate*
vorrei invece chiarire	*I would like to clarify instead*
mettiamo (mettere)* il costo	*let's put the cost*
cosa pensi di fare . . . ?	*what do you think of doing . . . ?*
facciamo (fare)* . . . ?	*shall we make . . . ?*
dal nostro punto di vista	*from our point of view*
rispetto ad altri alberghi	*compared with other hotels*
trattiamo (trattare)*	*we (shall) negotiate*

 Ascolti il dialogo!

Camilla Gatti: I preventivi per la Italsistemi e per la Ginori sono pronti?

Luca Martini: Il preventivo per la Ginori è già pronto, ma vorrei invece chiarire alcune cose per la Italsistemi.

Camilla Gatti: Mi sembra abbastanza semplice. Non possiamo dare la sala Leonardo quindi mettiamo il costo della Raffaello. Il dottor Cerulli ha richiesto attrezzature o servizi opzionali?

Luca Martini: No. Poi c'è da aggiungere il costo delle ventinove camere singole. Hanno confermato il numero dei partecipanti, quindi sono quarantuno colazioni e rinfreschi.

Camilla Gatti:	Cosa pensi di fare per il menù?
Luca Martini:	È una presentazione per il personale dell' azienda quindi direi il menù A. Facciamo un piccolo sconto per incoraggiare questo nuovo cliente?
Camilla Gatti:	Beh, la Italsistemi è certamente un'azienda interessante dal nostro punto di vista, ma le nostre tariffe sono già molto competitive rispetto ad altri alberghi. Mandiamo un preventivo con uno sconto minimo, poi eventualmente trattiamo.

Attività _____

A   Vero o falso?

1 I due preventivi sono pronti.

2 Luca vuole consultare Camilla a proposito di un preventivo.

3 Nel preventivo per la Italsistemi c'è il costo . . .

   a) della sala Rafaello

   b) di servizi opzionali

   c) della camera 29

   d) di 41 colazioni e rinfreschi

   e) del menù A

4 Camilla Gatti acconsente a fare uno sconto.

B   Ora tocca a Lei!

Con un(a) collega prepari un preventivo.

Lei:	È .... il preventivo .... la B.O.F.F.?
Collega:	No, vorrei .... alcune ....
Lei:	Dimmi.
Collega:	Non .... dare la sala Azzura, quindi .... il costo della sala Rossa, va bene?
Lei:	D'accordo. La B.O.F.F. ha .... attrezzature o servizi ....?
Collega:	Sì, una .... di inglese .... 14.30 alle 18.30.
Lei:	Bene. Ha .... il numero di camere?
Collega:	Si, sono 32 singole. .... un piccolo sconto .... incoraggiare questo .... cliente?
Lei:	Assolutamente ....! Le nostre .... sono già estremamente competitive.

C Le vendite all'asta possono essere una buona occasione per rinnovare l'arredamento dell'Hotel Europa.

1 A che ora comincia la vendita?

2 Dove si trovano i cataloghi?

3 Quando è possibile vedere i lotti prima della vendita?

4 Quali servizi offre l'organizzazione?

5 Che tipo di oggetti sono in vendita?

D Ora tocca a Lei!

Camilla e Luca scambiano impressioni sulla loro visita alla vendita all'asta.

Modello: All'asta dell'I.R.V.E.G. ho visto *dei* tappeti Persiani.
Che ne dici?
Io ho notato *degli* argenti.
Compriamo?

Lei, che cosa ha fatto? Continui con un(a) collega.

.... tappeti caucasici
.... porcellane rare
.... mobili decorati
.... dipinti italiani
.... opere di pittori
.... impressionisti
.... argenti inglesi

| notare |
| ammirare |
| comprare |
| vendere |

I.R.VE.G.
ISTITUTI VENDITE GIUDIZIARIE
TEL. 58.01.06.37 - Via Mecenate, 87/3 - MILANO

VENDITA all'ASTA

Scuola del Pontorno - XV sec. - Olio su tavola «Madonna con bambino»

Mobili italiani, olandesi, francesi, inglesi di varie epoche. Argenti, porcellane, maioliche, bronzi, smalti, avori, marmi, tappeti persiani

Dipinti di maestri italiani e fiamminghi dal XV al XIX secolo.

DOMANI ULTIMO GIORNO ORE 21.15

ASTA

OGGI ESPOSIZIONE DEI LOTTI ORE 10-12.30 e 15-19

CATALOGO SUL POSTO

Servizio di vigilanza e parcheggio custodito

PRENOTARE	O T P H I C O N F E R M A T O I G P I Q
PRENOTAZIONE	L H C F X K U G W D R A Q D K H R U K J
CONFERMARE	L I B E R A V L H E P S I Z N K O O P Y
DETTAGLI	S C A S Z N B C I T S P F S Z X Y D D I
SCONTO	Y P L L E H E H V T C Z Q G D Q E A J Y
RICHIESTE	P D P R L T Q L D A O E W C Z D C L C F
RINFRESCHI	Y R W P I F N N K G N S N X Q K X C U T
POSTI	V D E H E N E F L T R J O R B G Q S Q
DATA	D P N N M R C P I I O A Z H I B S M A I
CLIENTE	C S R B O J A S R L T L D U P Z Q E D F
COLAZIONE	I C Q E T T F M E Q C X S Q O O A D E T
LIBERA	O I T B N H A C R R E K H R R W S L O C
PRENOTATO	P R K E E O E Z N E F R W H J A R T O L
CONFERMATO	T N Y A D T T Q I Q F N A C Z R T F I C
	K F Y Q X U L A W O Q N I T D I K A B Y
	O D T T U P C O T K N L O R O X Y S D G
	A A Q U F N S V J O I E A C X N Y E M F
	N X J U D U C A Q P F R F S Y I E S E M
	P E T S E I H C I R H V V L Y P H R A H
	K C V A F B B M B T N H L H H H R Z P Y

• •

Italia oggi

Il mercato del lavoro ———— *Labour*

Dall' inizio degli anni 70 il mercato del lavoro in Italia è cambiato notevolmente. I maggiori datori di lavoro non sono più le grandi industrie. Chi ha un'occupazione lavora sempre meno nell'industria e nell'agricoltura e sempre di più nel settore dei servizi e dell'alta tecnologia.

Informazione flash

L'età legale minima per lavorare è 15 anni. Le condizioni di lavoro per i dipendenti, sia a tempo pieno che a tempo parziale, sono garantite dai contratti colletivi negoziati con i vari sindacati e dalla Carta Sociale Europea.

Il contratto include un salario minimo garantito. La settimana lavorativa è di 40—48 ore I contratti di lavoro garantiscono 4—6 settimane di ferie pagate.

Occupati per settore di attività economica (%)

Anni	ATTIVITÀ ECONOMICA		
	Agricoltura	Industria	Altre attività
1971	20,1	39,5	40,4
1981	13,3	37,2	49,5
1982	12,3	36,7	51,0
1983	12,3	35,8	51,9
1984	11,8	34,1	54,1
1985	11,1	33,2	55,7
1986	10,7	32,7	56,6
1987	10,4	32,2	57,4

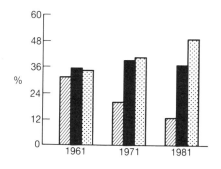

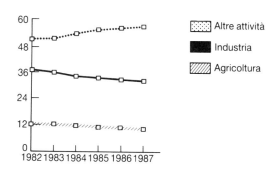

Altre attività
Industria
Agricoltura

Cosa significano queste cifre?
Esempio: 11,8% = percentuale di lavoratori
in agricoltura nel 1984
1 20,1%

2 40,4%
3 10,4%
4 35,8%
5 51,9%

● ●

Action checklist

Before going on to Stage 6 make sure you can:

- *sum up requirements*
  vediamo un attimo le richieste

- *state that there is no problem*
  non c'è problema

- *state what someone has done*
  Camilla ha parlato con . . .

- *report what has happened*
  la Italsistemi ha prenotato . . .

- *report that something does not work*
  . . . non funziona

- *show willingness to consider something*
  va bene, ci penserò

- *take steps to solve a problem in the meantime*
  nel frattempo ho noleggiato . . .

- *ask for confirmation of booking*
  Lei può confermare adesso . . . ?

- *state willingness to please*
  facciamo sempre del nostro meglio

- *arrange to contact someone*
  mi metto in contatto con Lei . . .

- *ask for clarification*
  vorrei invece chiarire . . .

- *ask for someone's intentions*
  cosa pensi di fare . . . ?

- *indicate willingness to negotiate*
  poi eventualmente trattiamo

6 Rapporti interpersonali

> *In Stage 6 you learn how to:*
> - consult timetables and book tickets
> - welcome a regular supplier
> - deal with a complaint
> - explore new business opportunities
> - order a meal

Prima di tutto ——— Voli ———

Come preferisce viaggiare?

FRANCOFORTE	AZ462	**7.05**	giornaliero
FRANCOFORTE	LH1133	**19.00**	giornaliero
LONDRA	AZ1262	**12.30**	giornaliero
LONDRA	BA593	**14.50**	giornaliero
MONACO	LH5477	**12.45**	1/2/3/4/5/6/–
MONACO	LH5479	**18.10**	1/2/3/4/5/–/7
NAPOLI	BM326	**9.30**	giornaliero.
OLBIA	IG630	**11.00**	giornaliero
NIZZA	FU511	**10.10**	–/–/–/–/–/6/–

All'aeroporto

Matteo Cerulli deve partire per Londra di urgenza

Matteo: A che ora c'è un volo per Londra oggi?

Impiegata: Il primo è alle 12.30, e ce n'è un altro alle 14.50.

Matteo: Posso prenotare un posto sul primo?

Impiegata: Un attimo . . . sì, ci sono posti.

Capisce?

1 Qual'è il numero del primo volo per Londra?

2 E' possibile prenotare un posto?

orario ferroviario

TRENI PRINCIPALI IN PARTENZA DA: **BOLOGNA**

					IC			★ IC	IC	EC	IC	IC
Bologna p.	6.06	7.42	7.50	8.07	8.14	8.37	9.14	9.19	11.26	12.30	13.26
Milano ▼ a.	8.43	9.50	10.05	9.55	10.10	10.25	10.45	11.00	13.10	14.35	15.10

	IC	EC	IC	IC	IC	IC	▽ IC	IC	IC	IC	▼★ IC
Bologna p.	14.07	15.16	16.10	16.26	17.26	18.26	18.34	19.26	20.26	21.54	22.35
Milano ▼ a.	15.55	17.00	18.00	18.10	19.10	20.10	20.23	21.10	22.30	23.40	0.05

	IC		★◆▲ IC	IC	★▲ IC	★◆▲ IC	■ IC	IC	✕ IC	IC	● IC
Bologna p.	5.42	5.54	7.40	7.46	8.24	9.12	9.42	10.52	11.42	12.42	14.20
Firenze a.	6.46	7.06	8.31	8.51	9.17	10.06	10.46	11.56	12.46	13.46	15.24
Roma ▼ a.	9.05	9.40	10.15	11.20	11.00	11.46	12.49	14.05	14.55	16.15	17.45

	EC	IC	★▲ IC	■ IC	EC	EC	EC	IC	IC	IC	▲●□ IC
Bologna p.	14.42	15.42	16.26	16.42	16.50	17.11	17.42	18.42	19.42	20.07	21.00
Firenze a.	15.46	16.46	17.20	17.46	18.00	18.16	18.48	19.46	20.50	21.11	21.54
Roma ▼ a.	17.55	18.55	19.00	19.55	20.15	20.30	21.00	21.55	23.15	23.40	23.35

		IC	IC	IC	IC	IC	IC				
Bologna p.	7.55	8.53	11.53	12.53	13.53	15.53	16.53	17.55	20.10	21.55	
Ancona ▼ a.	10.15	10.55	14.07	14.55	15.55	17.57	19.02	20.15	22.30	0.24	

		○ EC	★ IC				IC	○● IC		▼★ IC	
Bologna p.	7.40	8.40	10.40	11.32	12.40	13.40	15.06	17.18	18.40	21.26	22.20
Venezia ▼ a.	9.46	10.42	12.12	13.15	14.42	15.42	16.58	18.49	20.42	23.18	0.03

		☆ EC	EC				● IC				
Bologna p.	6.44	8.18	10.54	12.44	14.44	16.44	17.12	18.44	20.44	22.20	
Verona ▼ a.	8.16	10.30	12.26	14.35	16.35	18.35	18.44	20.35	22.35	23.58	

						★▼ IC					
Bologna p.	3.42	7.20	11.38	15.38	19.38	21.37	Bologna p.	6.22	13.38	17.38	
Torino ▼ a.	8.05	10.57	15.16	19.15	23.15	0.12	Genova ▼ a.	9.35	16.55	20.55	

★ ETR 450. Prezzo speciale comprensivo di servizi accessori e ristoro. - ▽ Ferma a Milano P.ta Garibaldi - ● Prenotazione obbligatoria - ◆ Sospeso la Domenica e nei gg. 25/12/91, 6/1 e 20/4/92 - ○ V. Mestre - ▲ Firenze Rif. - ■ Roma Tib.na - ✕ Sospeso Dom. e festivi - □ Circola tutti i giorni eccetto il Sabato fino al 14/12/91 e dal 11/1/92 e nei gg. 25-28-31/12/91, 5/1 e 19/4/92. - ☆ Istradato V. Padova - ▼ Circola tutti i giorni escluso il Sabato e gg. 25/12/91, 5/1 e 19/4.92.

Alla stazione

Luca parte per Roma

Luca: A che ora parte il primo treno per Roma?

Impiecata: Alle 5.42.

Luca: Allora un'andata e ritorno seconda classe, per piacere.

Capisce?

3 A che ora arriva a Roma il treno di Luca?

4 E il prossimo treno, a che ora parte?

Dialogo 1

Il signor Falco, un fornitore di accessori, arriva alla Italsistemi.

Presentazione

Come si chiama?

Mi chiamo Stefano Falco.
Lavoro per la Ragusa e sono fornitore di accessori per la Italsistemi. Sono sposato da otto anni e ho tre figli maschi.

🔲 Ascolti e ripeta!

il lancio dei nuovi sistemi	*the launch of the new ranges*
sono ritornato	*I returned*
che novità ci sono?	*what's new?*
per fortuna	*fortunately*
lavori in corso	*road works*
la macchina dell'azienda	*company car*

🔲 Ascolti il dialogo!

Simonetta Giorgi: Buongiorno, signor Falco. Il dottor Cerulli arriva subito. Vuole lasciare qui l'ombrello?

Stefano Falco: Grazie, signorina. Sempre molto occupata?

Simonetta Giorgi: Eh sì. E' un periodo di lavoro intenso per il lancio dei nuovi sistemi. Ecco il dottor Cerulli.

Stefano Falco: Caro Cerulli! Sono tornato solo ieri da Amsterdam. Qui che novità ci sono? La tua segretaria dice che siete molto occupati . . .

Matteo Cerulli: Sì, per fortuna. Abbiamo due grosse ordinazioni; una per un ente comunale e una per una multinazionale. Ma dimmi, hai fatto buon viaggio?

Stefano Falco: A dire la verità ho fatto un viaggio infernale – un temporale a Genova, lavori in corso dovunque e il solito traffico caotico sull'autostrada . . . *dappertutto*

Matteo Cerulli: Hai ancora la tua bella Alfa Romeo?

Stefano Falco: Sì, ma oggi sono venuto con la macchina dell'azienda. Ho molti campioni da distribuire.

Attività _____

A   Vero o falso?

1 Il signor Falco conosce già Matteo Cerulli.

2 Simonetta dice che non c'è molto lavoro in questo momento.

3 Stefano Falco è tornato da Amsterdam ieri.

4 Ha fatto buon viaggio.

5 E' venuto all'Italsistemi con la sua Alfa Romeo.

Da imparare

Di chi è?
Il *tuo* ombrello.
La *tua* macchina.

B Lavoro a coppie. Alla fine di una riunione, c'è molta confusione in ufficio. Con un/a collega faccia delle domande per verificare di chi sono gli oggetti seguenti.

Modello: Maria a Paolo: Questo è il tuo giornale?
Paolo risponde sì o no e fa una domanda simile.

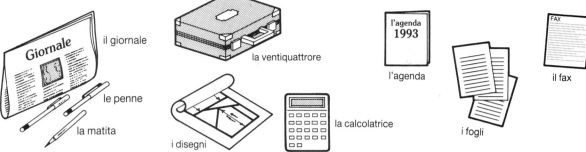

il giornale

le penne

la matita

la ventiquattrore

i disegni

la calcolatrice

l'agenda

i fogli

il fax

sono di Olimpia   sono di Paolo   sono di Maria

Per comunicare bene

Il passato
Sono tornato solo ieri da Amsterdam.
Ho fatto un viaggio infernale.
Sono venuto con la macchina dell'azienda.

C **1** A che ora è arrivato Stefano Falco?
Ha fatto buon viaggio?

2 Dov'è andato Matteo?
Che cosa ha ordinato?

3 A che ora è arrivata in ufficio Simonetta?
Che cosa ha fatto subito?

Da imparare

Che tempo fa?

Previsioni del tempo
Bollettino meteorologico

c'è il sole	tira vento	è nuvoloso
piove	nevica	fa caldo 32°
c'è il temporale	c'è nebbia	0° fa freddo

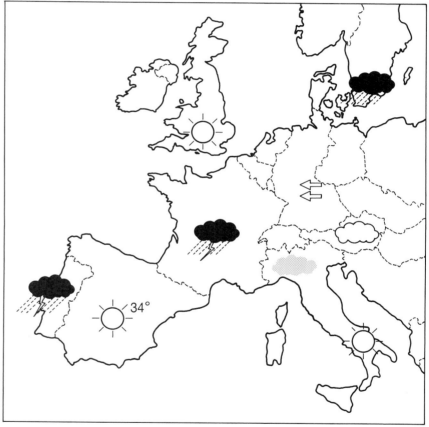

34°

D   Dove si trovano queste condizioni?

   1 C'è il sole e fa molto caldo.

   2 E' nuvoloso.

   3 Ci sono temporali.

   4 C'è la nebbia.

   5 Piove.

Dialogo 2

Dopo il caffè al bar Matteo Cerulli ritorna in ufficio con Stefano Falco.

Ascolti e ripeta!

gli affari vanno abbastanza bene	*business is doing quite well*
il mercato interno tira	*the home market is healthy*
non mi piace (piacere)*	*I do not like*
da molto tempo	*for a long time*
a tempo	*on time*
chiedo scusa	*I apologize*
risultati migliori	*better results*
mi fa piacere	*I am pleased*

Ascolti il dialogo!

azienda / impresa

Matteo Cerulli: E la tua ditta, Falco, come va?

Stefano Falco: Per il momento gli affari vanno abbastanza bene. Il mercato interno tira e la Fiera di Bari ha creato un certo interesse per i nostri prodotti. Però quest'aria di recessione non mi piace. Ma dimmi, sei soddisfatto dell'ultima consegna?

Matteo Cerulli: Caro Falco, sai bene che i tuoi prodotti mi piacciono, siamo clienti da molto tempo, ma purtroppo i tempi di consegna . . .

Stefano Falco: Ho capito: ci sono stati ritardi . . .

Matteo Cerulli: Eh si, purtroppo ci sono state difficoltà per noi nel consegnare i mobili a tempo e tu sai bene che noi operiamo in un settore molto competitivo . . .

Stefano Falco: Capisco e chiedo scusa. Il nuovo processo di produzione è ora tutto automatizzato e garantisce risultati migliori, ma ci sono state difficoltà all'inizio. Ti assicuro però che i problemi sono stati risolti.

Matteo Cerulli: Mi fa piacere. La puntualità è certo un fattore essenziale per noi.

Stefano Falco: Giustamente. Come hai notato abbiamo applicato uno sconto più generoso nella nostra fattura

Attività

A **Vero o falso?**

1 Stefano Falco è abbastanza soddisfatto della situazione della sua ditta.

2 Stefano Falco non trova la recessione preoccupante.

3 La ditta di Sergio Falco non ha consegnato le merci a tempo.

4 Il ritardo è dovuto all'installazione del nuovo sistema automatizzato.

5 Per Matteo Cerulli è importantissimo ricevere le forniture puntualmente.

6 Per mantenere i buoni rapporti con la Italsistemi Sergio Falco concede uno sconto più grande del solito.

Da imparare

Non mi piace quest'*aria* di recessione
i tuoi *prodotti mi piacciono*

B Scelga!

mi piace   mi piacciono

1 Non .... i ritardi.

2 La puntualità ....

3 Questo prodotto ....

4 .... una fattura con un grande sconto!

5 .... le consegne puntuali.

C Colleghi!

a) Gli affari	**1** è tutto automatizzato
b) La qualità dei	**2** scusa
c) Quest'aria di recessione	**3** vanno abbastanza bene
d) il nuovo processo di produzione	**4** da molto tempo
e) Capisco e chiedo	**5** tuoi prodotti
f) Siamo clienti	**6** tira
g) Il mercato interno	**7** non mi piace

D Ora tocca a Lei!

a) Lei è cliente. Il suo fornitore abituale non è affidabile come in passato. Esprima il suo disappunto con tatto.

Modello: La qualità dei prodotti è ottima, (*Punto positivo*)
          ma   (*Riserva*)
          i tempi di consegna sono troppo (*Punto negativo*)
          lenti

Punti positivi	*Riserva*	*Punti negativi*
prezzi convenienti	ma	colori limitati
consegna pronta	purtroppo	modello sbagliato
grande scelta	sfortunatamente	aumento imprevisto
buona qualità		fattura sbagliata
completa garanzia		articoli fuori moda
articolo innovativo		prezzo astronomico

b) Lei è fornitore. Il suo cliente non è completamente soddisfatto. Offra le sue scuse e spieghi le cause del problema.

Cause

difficoltà tecniche
problemi amministrativi
nuovo personale
aumento dei costi
installazione nuovo macchinario

Dialogo 3

Matteo Cerulli e Stefano Falco esaminano ulteriori possibilità di collaborazione.

 Ascolti e ripeta!

due mesi fa	*two months ago*
ben avviato	*well-established*
a vantaggio di entrambi	*to both our advantage*
abbiamo appena firmato	*we have only just signed*
appena possibile	*as soon as possible*
che coincidenza!	*what a coincidence!*

 Ascolti il dialogo!

Stefano Falco: Ci sono progetti immediati?

Matteo Cerulli: Ha telefonato una certa signora Motta che vuole vedere i nostri sistemi di arredamento per studi professionali. E' un architetto di Firenze.

Stefano Falco: Sì, lo studio Motta e Urbani. Ho dato il tuo nome all'architetto due mesi fa. E' uno studio ben avviato, specializzato in progettazione di centri commerciali e grandi magazzini. Hai fissato un appuntamento?

Matteo Cerulli: Sì, per domani mattina. Grazie per la pubblicità!

Stefano Falco: E' a vantaggio di entrambi, spero!

Matteo Cerulli: Naturalmente! Abbiamo appena firmato un contratto per l'arredamento di un centro sportivo e abbiamo quasi finito il progetto definitivo, quindi ti telefono appena possibile con tutti i dettagli. Cosa fai adesso?

Stefano Falco: Vorrei visitare due o tre clienti nella zona. Quindi ho prenotato una camera all'Hotel Europa per questa notte.

Matteo Cerulli: Che coincidenza! Ho visitato l'Hotel Europa ieri con Simonetta per vedere le loro sale conferenze per la nostra presentazione, e ora aspettiamo un preventivo. Perché non mangiamo lì stasera?

Attività

A Capisce?

1 Chi è la signora Motta e per quale ditta lavora?

2 In che cosa è specializzato lo studio Motta e Urbani?

3 Chi ha dato il nome di Matteo Cerulli alla signora Motta?

4 Che cosa ha appena fatto Matteo?

5 Dove ha prenotato una camera Stefano Falco?

6 Dove mangiano stasera Matteo e Stefano?

B Completi!

Stefano dice '................. tornato da Amsterdam solo ieri. .... venuto qui con la macchina dell'azienda .... fatto un viaggio infernale.'
Matteo parlando per la sua ditta dice '................. appena firmato un contratto per l'arredamento di un centro sportivo .... quasi finito il progetto definitivo.'

C Scelga!

Presente o passato?

1 Matteo e Stefano mangiano all'Hotel Europa.

2 Stefano ha dato il numero di Matteo alla signora Motta.

3 Stefano ha prenotato una camera all'Hotel Europa.

4 Matteo aspetta un preventivo dall'Hotel Europa.

5 Ha telefonato una certa signora Motta.

D Lavoro a coppie. Lei è stato/a invitato/a a prendere un aperitivo all'Hotel Europa.

Scelga una delle persone qui sotto e la presenti al suo (alla sua) partner:
Luisa Bertinelli, l'ingenere Sergio Bonacore, Luca Martini, Stefano Falco.

Dialogo 4

Sono le venti. Stefano Falco e Matteo Cerulli arrivano al ristorante dell' Hotel Europa.

 Ascolti e ripeta!

vicino alla finestra	*next to the window*
vorrei dimagrire un pò	*I would like to lose a little weight*
trota alla griglia	*grilled trout*
risotto ai funghi	*mushroom risotto*
salmone al forno	*baked salmon*
cosa suggerisci? (suggerire)*	*what do you suggest?*
buon intenditore	*connoisseur*
gestione d'impresa	*business management*
beato te	*lucky you!*

 Ascolti il dialogo!

Stefano Falco: Buona sera. Ho prenotato un tavolo per due per le venti. Il nome è Falco, camera 203.

Cameriera: Certo, signor Falco, si accomodi. Il tavolo vicino alla finestra, va bene?

....

Matteo Cerulli: Cosa pensi del menù?

Stefano Falco: Una grande scelta davvero, ma io sono a dieta: niente grassi e niente fritti, vorrei dimagrire un pò. Ecco, perfetto: come antipasto prosciutto di San Daniele, niente primo, una trota alla griglia e frutta. E tu, cosa prendi?

Matteo Cerulli: Come primo risotto ai funghi e come secondo . . . vediamo . . . salmone al forno. I dolci sono irresistibili!

Stefano Falco: Vediamo la lista dei vini. Cosa suggerisci? So che sei buon intenditore di vini . . .

Matteo Cerulli:	Direi un buon bianco secco, un Pinot per esempio. La famiglia, come va?
Stefano Falco:	Mia moglie prepara l'ultimo esame di gestione aziendale prima di riprendere il lavoro a tempo pieno; i gemelli sono in montagna con i nonni e Carlo continua ad avere problemi con la scuola . . . tu hai figli grandi, vero? Beato te!

Attività

A   Vero o falso?

1 Il tavolo è prenotato a nome di Stefano Falco.

2 Il tavolo è vicino all'ingresso.

3 Il menù è molto vario.

4 Matteo Cerulli è a dieta.

5 A Matteo Cerulli piace il vino bianco secco.

6 La moglie di Stefano Falco lavora a tempo pieno.

7 I figli di Matteo Cerulli sono già adulti.

Da imparare

niente grassi

niente fritti

niente zucchero

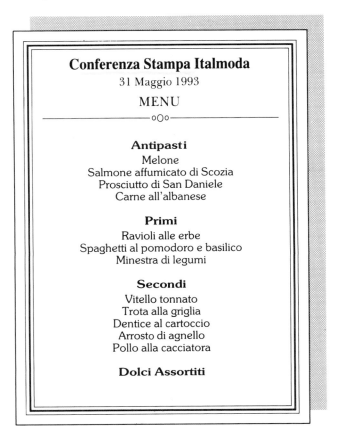

Conferenza Stampa Italmoda
31 Maggio 1993
MENU
○○○

Antipasti
Melone
Salmone affumicato di Scozia
Prosciutto di San Daniele
Carne all'albanese

Primi
Ravioli alle erbe
Spaghetti al pomodoro e basilico
Minestra di legumi

Secondi
Vitello tonnato
Trota alla griglia
Dentice al cartoccio
Arrosto di agnello
Pollo alla cacciatora

Dolci Assortiti

B **Ascolti!**

Che cosa ordinano i partecipanti alla conferenza stampa?

Piatti	Primo Parteci-pante	Secondo Parteci-pante	Terzo Parteci-pante	Quarto Parteci-pante
Melone				
Prosciutto				
Salmone				
Carne				
Ravioli				
Minestra				
Spaghetti				
Dentice				
Agnello				
Vitello				
Pollo				
Trota				
Dolce				

C **Ora tocca a Lei!**

Dopo una discussione con Falco sulla salute, Matteo Cerulli chiama il cameriere e cambia l' ordinazione. Che cosa decide di prendere ora? Rilegga il dialogo e poi indovini qual'è la seconda scelta di Matteo.

Seconda ordinazione

Antipasto	....
Primo	....
Secondo	....
Formaggi	....
Frutta	....
Dolce	....

D   Ora tocca a Lei!

Anche Lei è invitato/a a cena per celebrare la felice conclusione di un contratto importante. Il suo ospite è molto premuroso, ma Lei ha poco appetito. Rifiuti cortesemente ma fermamente.

Modello: Prenda il pollo alla cacciatora, è una specialità della casa!
Mi dispiace, sono a dieta, prendo la trota alla griglia.

Prenda	*Mi dispiace*	*Prendo*
penne alla panna	sono a dieta	spaghetti al pomodoro
cotoletta alla valdostana	vorrei dimagrire	pesce alla griglia
lepre al Barolo	niente salse	trota al forno
funghi fritti	ho un'allergia	carote crude
tiramisù	niente grassi	macedonia di frutta

E   Lavoro a tre. Questa volta tocca a Lei invitare un buon cliente e sua moglie nel migliore ristorante della città. Inizi la conversazione.

Lei: Ho .... un tavolo .... tre .... 19.45 ....
Rossi.

Cliente: Questo è un .... ristorante. .... qui regolarmente?

Lei: Sì, abbastanza .... Lei è buon .... di ristoranti, vero?

Moglie: C'è veramente una .... scelta. Che cosa mi ....?

Cliente: Cara, ricorda la .... dieta!

Lei: .... Lei è a dieta, signora, consiglio .... alla
....

Moglie: Tutto è ...., soprattutto i ....

Lei: E .... Lei, dottore?

Cliente: Anche per ...., niente ...., niente ....

Lei: Ecco .... dei vini. Che tipo di vino ....?

Cliente: Per me .... vino. .... voglio rischiare la sospensione
.... patente.

Moglie: Perchè non .... un vino leggero? Con .... mi
.... un buon .... secco.

• •

Italia oggi

Viaggiare in autostrada _____ on the motorway

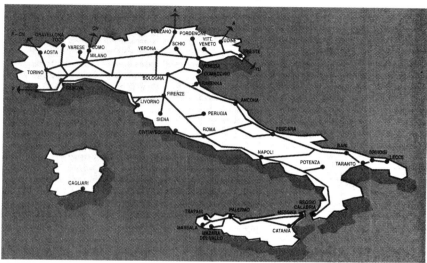

La rete autostradale non è gratuita. L' utente paga un pedaggio al casello d'entrata o al casello d' uscita. La tariffa è determinata dalle dimensioni o dalla cilindrata del veicolo e dal numero di chilometri.

Due altri servizi utili per chi usa le autostrade: la Viacard Plus, una tessera che permette di pagare automaticamente il pedaggio al casello e i Telescreen che informano gli automobilisti sulle condizioni del tempo e del traffico.

Le aree di servizio o punti di ristoro sulle autostrade italiane sono abbastanza frequenti. Non è sempre possibile trovare un ristorante, in compenso il lavaggio dei finestrini è gratuito! Frequenti sono anche le colonnine di soccorso per comunicare con i servizi di soccorso in caso di difficoltà.

Vero o falso?

1 Il pedaggio si paga sempre all'uscita

2 La tariffa di pedaggio è uguale per tutti i veicoli

3 Non tutte le stazioni di servizio hanno un ristorante

4 Per conoscere le condizioni del traffico è necessario avere la tessera Viacard.

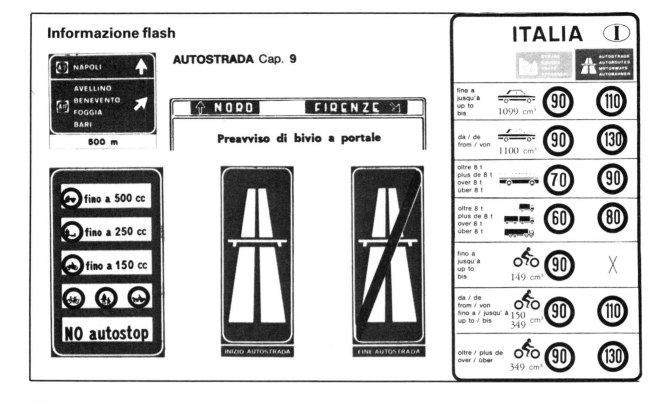

Informazione flash

AUTOSTRADA Cap. 9

Preavviso di bivio a portale

NO autostop

INIZIO AUTOSTRADA

FINE AUTOSTRADA

ITALIA ⓘ

Action checklist:

Before going to Stage 7 make sure you can:

- *enquire about the journey*
  hai fatto buon viaggio?

- *state what you have just done*
  sono tornato solo ieri da . . .

- *enquire about business*
  siete molto occupati . . .

- *express quiet satisfaction about business*
  gli affari vanno abbastanza bene

- *comment on home market trends*
  il mercato interno tira

- *express dislike*
  non mi piace . . .

- *apologize*
  chiedo scusa

- *give assurance*
  ·ti assicuro . . . che . . .

- *express pleasure*
  mi fa piacere

- *point out mutual advantage*
  è a vantaggio di entrambi

- *make a suggestion*
  perché non . . . .

- *check a table booking*
  ho prenotato un tavolo

- *state intention to slim*
  vorrei dimagrire

- *enquire about someone's family*
  la famiglia, come va?

- *express envy jokingly*
  beato te

7 Una riunione di lavoro

In Stage 7 you will learn how to:
- open a company meeting
- select candidates for a post
- comment on a quotation
- raise an issue and close a meeting

Prima di tutto

Ecco l'organigramma della Italsistemi:

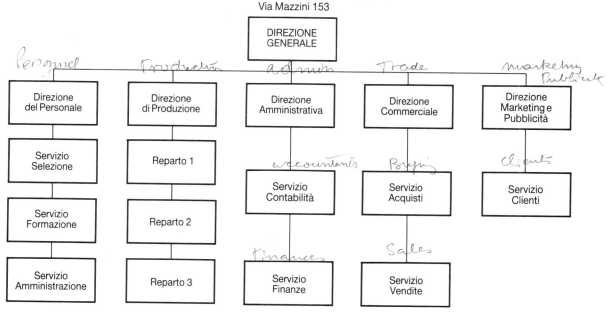

LA ITALSISTEMI IN ITALIA
SEDE PRINCIPALE: 40122 BOLOGNA
Via Mazzini 153

DIREZIONE GENERALE

Personnel — Direzione del Personale
Production — Direzione di Produzione
admin — Direzione Amministrativa
Trade — Direzione Commerciale
marketing Pubblicità — Direzione Marketing e Pubblicità

Servizio Selezione
Reparto 1
accountants — Servizio Contabilità
Buying — Servizio Acquisti
Clients — Servizio Clienti

Servizio Formazione
Reparto 2

Servizio Amministrazione
Reparto 3
finance — Servizio Finanze
Sales — Servizio Vendite

Dialogo 1

E' lunedì mattina. Alla Italsistemi c'è la riunione settimanale.
Partecipano Matteo Cerulli e i colleghi, Marina Soleri, direttrice del
personale e Cesare Mori, direttore amministrativo.

Presentazione

Come si chiama?

Mi chiamo Marina Soleri. Lavoro per l'Italsistemi da 6 anni. Sono direttrice del personale. Ho trentacinque anni. Sono sposata e ho una figlia di otto anni.

Mi chiamo Cesare Mori. Anch'io lavoro per la Italsistemi ma solo da 3 anni. Sono direttore amministativo. Ho 43 anni. Sono divorziato. Non ho bambini.

 Ascolti e ripeta!

un buon finesettimana	*a good weekend*
eccomi	*here I am*
l'ufficio delle imposte	*the tax office*
l'Iva	*VAT*
anche se	*even though (even if)*
l'ordine del giorno	*the agenda*
spero che sià	*I hope it will be*
al reparto tre	*at section (department) three*
entro le undici	*before eleven*
risolta (risolvere)*	*resolved*

 Ascolti il dialogo!

Matteo Cerulli:	Ciao, Marina. Hai passato un buon finesettimana?
Marina Soleri:	Discreto, grazie. Ho accompagnato mia figlia a Trento per la gara di nuoto. Tu hai visto la partita domenica?
Matteo Cerulli:	Sì, purtroppo – un disastro! Dove sono Simonetta e Cesare?
Simonetta Giorgi:	Eccomi. Cesare è al telefono con l'ufficio delle imposte per chiarire la nostra posizione riguardo l'Iva. Ecco l'ordine del giorno.
Marina Soleri:	Spero che sià una riunione breve. Devo essere al reparto tre entro le undici. Si può cominciare?
Cesare Mori:	Scusate il ritardo. Questa faccenda dell'Iva non è ancora risolta, anche se hanno ricevuto tutta la nostra documentazione. Cosa c'è nell' ordine del giorno?
Simonetta Giorgi:	L'acquisto di nuovo macchinario per il reparto due, le domande per il posto di agente di vendita e la presentazione.

Matteo Cerulli: Non si può discutere il primo punto senza l'ingegnere Bordone che è assente per malattia. Propongo di cominciare con il posto di agente. Siamo tutti d'accordo?

Attività

A Vero o falso?

1 Solo Matteo e Marina sono presenti all'inizio della riunione.

2 Simonetta Giorgi ha telefonato all'ufficio delle imposte.

3 Ci sono problemi riguardo l'Iva.

4 Marina Soleri deve essere al reparto uno entro le undici.

5 Nell'ordine del giorno, ci sono tre cose da discutere.

6 Non possono discutere il secondo punto senza l'ingegnere Bordone.

Per comunicare bene

Due modi di dire la stessa cosa:
il problema non è risolto
non ho risolto il problema

la camera è prenotata
ho prenotato la camera

B Ora tocca a Lei!

Trovi un altro modo di dire le cose seguenti secondo l'esempio:

Esempio: La sala conferenze è prenotata.
Ho prenotato la sala conferenze.

1 La mia posizione è cambiata.

2 La riunione non è cominciata.

3 Ho finito la partita.

4 Ho fissato l'appuntamento per oggi.

5 La manifestazione è organizzata.

C Lavoro a coppie.

Lei intervista Cesare Mori per la televisione locale sulla sua vita privata e professionale.
Ecco alcune domande!

Lei: Benvenuto al nostro studio. Vuole presentarsi?

Cesare Mori: ....

Lei: E che lavoro fa?

Cesare Mori: ....

Lei:	Di cosa si occupa?
Cesare Mori:	....
Lei:	E' facile?
Cesare Mori:	....
Lei:	Per quale ditta lavora?
Cesare Mori:	....
Lei:	Da quanti anni lavora per quella ditta?
Cesare Mori:	....
Lei:	Le piace lavorare all'Italsistemi?
Cesare Mori:	....
Lei:	E' sposato?
Cesare Mori:	....
Lei:	Ha figli?
Cesare Mori:	....

Dialogo 2

La riunione continua. La Italsistemi cerca un nuovo agente di vendita. Il direttore del personale spiega la situazione.

 Ascolti e ripeta!

Come sapete	*as you know*
sul mercato in Gran Bretagna	*on the UK market*
Fiera dell'Arredamento	*Interior Design Fair*
e' un mercato da curare	*it is a market worth cultivating*
una laureata in economia e commercio	*a business and economics graduate (female)*
un diplomato in marketing	*holder of a diploma in marketing (male)*
al più presto possibile	*at the earliest*
il tempo stringe	*time is pressing*

Ascolti il dialogo!

Marina Soleri:	Come sapete quest' anno c'è stata una notevole espansione sul mercato in Gran Bretagna. È chiaro che ci occorre un altro agente.
Matteo Cerulli:	Sì, la nostra partecipazione alla Fiera dell'Arredamento a Birmingham ha aperto molte porte. È un mercato da curare.
Marina Soleri:	Sessantasette persone hanno risposto all'annuncio sul 'Mondo dell' Economia' e ho già fatto una selezione preliminare. Secondo me tre candidati hanno le qualità che ci occorrono.
Cesare Mori:	Puoi descrivere brevemente i candidati che hai selezionato?

Marina Soleri:	C'è una laureata in economia e commercio con buona esperienza di vendita nel settore chimico . . .
Cesare Mori:	Ha una buona conoscenza della lingua inglese?
Marina Soleri:	Si, ha lavorato negli Stati Uniti per un anno. Poi c'è un diplomato in marketing esente dal servizio militare. Lavora da otto mesi in Inghilterra nel settore alberghiero. L'ultimo è il nostro dottor Meneghello che tutti conosciamo.
Matteo Cerulli:	Allora propongo di invitare queste tre persone per un colloquio al più presto possibile, anzi, entro il 12 settembre. Il tempo stringe.

Attività

A   Vero o falso?

1 La Italsistemi ha organizzato la Fiera dell'Arredamento a Birmingham.

2 Matteo Cerulli prevede un aumento delle vendite in Gran Bretagna.

3 Più di settanta persone hanno fatto domanda per il posto di agente di vendita alla Italsistemi.

4 Tutti i candidati selezionati per il colloquio hanno la laurea.

5 Il colloquio è stato fissato per il 12 settembre.

Da imparare

Ci occorre un agente
Ci occorrono due agenti

 B   Scelga!

Qual'è la forma corretta: ci occorre o ci occorrono?

1 Sul mercato spagnolo .... due agenti di vendita.

2 Per la presentazione .... una sala per 40 persone.

3 Che cosa .... per la presentazione di domani?

4 Prima di confermare l'ordine .... l'autorizzazione del direttore.

5 .... nuovi macchinari per il Reparto 3.

6 Per questo posto di lavoro .... un candidato eccezionale.

C Capisce?

Lei fa parte della commissione che intervista i candidati per il posto di agente di vendita alla Italsistemi. Lei deve fare una valutazione dei candidati in base ai criteri di selezione dell'azienda. Legga attentamente i due *curriculum vitae* e i criteri di selezione e poi completi la scheda di valutazione.

Criteri di selezione per l'assunzione del personale
Posto: Agente di vendita in Europa

1 Buona esperienza del settore promozione e vendita

2 Qualifica minima: Diploma di scuola media superiore

3 Conoscenza del mercato europeo

4 Ottima conoscenza della lingua inglese

5 Doti di intraprendenza

6 Doti di comunicazione

CURRICULUM VITAE

COGNOME	Lucarelli
NOME	Eugenio
DATA DI NASCITA	7 ottobre 1967
LUOGO DI NASCITA	Padova
STATO CIVILE	Coniugato
OBBLIGO MILITARE	Militesente
DOMICILIO	Via Righi 76
	40126 Bologna
STUDI	Scuola Media Statale 'Luigi Einaudi' Padova
	Istituto Statale 'Cavour' Bologna 1982–86
	Istituto di Gestione Aziendale Bologna 1986–89
QUALIFICHE	Diploma in Ragioneria 1986
	Diploma in Marketing e Vendita 1989
ESPERIENZE DI LAVORO	1989–91 Rappresentante, ABTAK, Sezione Vendite
	1991– Addetto al settore organizzazione congressi, Catena Hotel Prince, Londra.

CURRICULUM VITAE

COGNOME	Poggio
NOME	Anna Maria
DATA DI NASCITA	16 aprile 1963
LUOGO DI NASCITA	Milano
STATO CIVILE	Celibe
DOMICILIO	Piazza S. Francesco 187b
	40122 Bologna
STUDI	Scuola Media Statale
	'Maria Montessori' Milano
	Liceo Scientifico
	'Leonardo da Vinci' Firenze 1978—83
	Facoltà Economia e Commercio
	Università di Torino 1983—88
ESPERIENZE DI LAVORO	Ricercatrice Market Research
	European Division
	Texacom, Los Angeles USA 1988—89
	Coordinatrice Sezione Ricerca
	Cosmetox, Bologna 1989—90
	Rappresentante Sezione Vendite
	Cosmetox, Bologna 1990—

Scheda di valutazione	Candidato 1	Candidato 2
1 Esperienza		
2 Qualifica		
3 Mercato europeo		
4 Lingua		
5 Intraprendenza		
6 Comunicazione		
Valutazione: insufficiente; buono; ottimo.		

D **Ascolti!**

Durante il colloquio i due candidati sono invitati a descrivere
le loro esperienze di studio e di lavoro. Ascolti i candidati e
completi il testo.

Tommaso Lucarelli

Durante il periodo alla Abtak ho creato una .... di vendita nel nord e .... centro Italia, ma non .... ottenuto promozioni, quindi ho deciso .... allargare la mia esperienza .... in due aree: l'informatica e la .... inglese. .... Inghilterra ho contribuito al settore .... della catena Hotel Prince. Sono .... a contatto con il pubblico e ho avuto responsabilità .... Ora posso .... di conoscere bene il .... in Gran ....

Anna Maria Poggio

Durante l'ultimo anno ....' Università ho formato una cooperativa di .... per la vendita di libri e .... materiali .... studio e l'organizzazione di .... private, un servizio usato .... più di .... clienti. .... Stati Uniti .... partecipato a .... le attività della Texacom, sia alla .... centrale che nelle filiali. Per questa azienda ho .... condotto una ricerca di mercato in tre ....- campione. Per .... lavoro ho contattato .... circa .... persone.

E Lavoro di gruppo. Il colloquio con i due candidati è finito. Il dottor Meneghello ha ritirato la sua domanda. Decidete qual'è la persona più adatta per il posto di agente di vendita. Giustificate la vostra scelta.

Ricordate: Chi risponde meglio ai sei criteri di selezione?
Chi ha più possibilità di successo?
Chi preferite come collega?

HOTEL EUROPA 40122 Bologna via Zecca, 20 Tel: 051/466165
Fax: 051/321914 Telex: 521176

Spettabile
Direzione
ITALSISTEMI
40122 Bologna
via Mazzini 153

Bologna 10 settembre

All'attenzione del dott. Cerulli
Oggetto: richiesta di preventivo

Egregio Dott. Cerulli,

a seguito del ns. incontro il 6 corrente, mi è gradito proporre alla Sua attenzione un preventivo relativo ai servizi richiesti per la presentazione del 3 ottobre.

Purtroppo la sala da quaranta posti non è disponibile a quella data. Proponiamo la sala Raffaello da sessanta posti.

Nella speranza di stabilire durevoli rapporti con la Sua azienda, restiamo in attesa di una Sua cortese risposta.

Distinti saluti,

Camilla Gatti

Camilla Gatti
Gestore

HOTEL EUROPA   **Preventivo**

Societa: Italsistemi   **Occasione:** Presentazione sistemi

Data: il 3 ottobre mattino e pomeriggio

Noleggiosala   **Pernottamento camere**

Sala Raffaello (tariffa normale   Camere singole L.65 000 x 29 x 1 notte L.1 885 000

       L.280 000)   L.260 000   **Sub-totale** L.3 293 000

Atrezzature opzionali   **Iva 9%** L.296 370

Servizio ristorazione

Menù tipo A   L.25 000 x 41   L.1 025 000

Rinfreschi   L.3 000 x 41   L. 123 000   **Totale** L. 3 589 370

Dialogo 3

La riunione continua. Matteo Cerulli presenta il preventivo
ricevuto dall'Hotel Europa.

Ascolti e ripeta!

una sala così grande	*such a large room*
così com'è	*just as it is*
superiore al previsto	*higher than expected*
secondo me	*in my opinion*
può darsi	*maybe*
trattare con	*bargain with*

Ascolti il dialogo!

Matteo Cerulli:	Ecco la copia del preventivo. Come vedete, ci sono cambiamenti alla sistemazione prevista. Cosa ne pensate?
Marina Soleri:	La sala Raffaello mi sembra piuttosto costosa. E poi è di sessanta posti. Non abbiamo bisogno di una sala così grande.
Cesare Mori:	Anch'io sono sorpreso dalle tariffe. Dopo tutto, questo fatto della doppia prenotazione della sala Leonardo è un errore loro. Non possiamo accettare il preventivo così com'è.
Matteo Cerulli:	Devo ammettere che il preventivo è superiore al previsto, però, secondo me, la spesa è giustificata. E' un albergo di lusso e l'attrezzatura è ottima.
Cesare Mori:	Può darsi ma non ne sono convinto. Senti Matteo, cerca di trattare con la gestione dell'Hotel e di ottenere una riduzione.
Matteo Cerulli:	D'accordo. Simonetta, fammi la cortesia di fissare un appuntamento con la dottoressa Gatti . . .

Attività _____

A **Capisce?**

    1 Qual'è la sala più costosa? la Leonardo o la Raffaello?

    2 Che tipo di errore ha fatto L'Hotel Europa?

    3 Cesare Mori accetta le tariffe?

    4 Che cosa ne pensa Matteo Cerulli?

    5 Ne è convinto Cesare?

    6 Che cosa dice a Matteo?

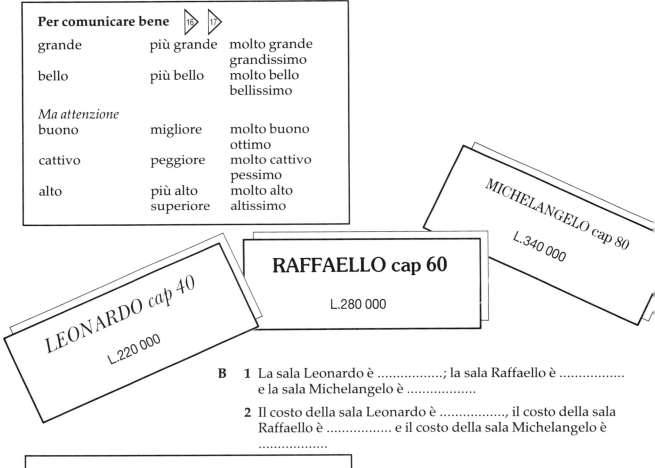

Per comunicare bene 16 17		
grande	più grande	molto grande grandissimo
bello	più bello	molto bello bellissimo
Ma attenzione		
buono	migliore	molto buono ottimo
cattivo	peggiore	molto cattivo pessimo
alto	più alto superiore	molto alto altissimo

LEONARDO *cap* 40

L.220 000

RAFFAELLO cap 60

L.280 000

MICHELANGELO *cap* 80

L.340 000

B **1** La sala Leonardo è ....; la sala Raffaello è ....
e la sala Michelangelo è ....

    2 Il costo della sala Leonardo è ...., il costo della sala
Raffaello è .... e il costo della sala Michelangelo è
....

Da imparare

La sala Leonardo è *più piccola* della sala
Raffaello.
E' *la più piccola* delle due.
E' la sala *più piccola*.

C   Legga e risponda!

Formula Europa da 350.000 lire. Fatevi felici. Volate in vacanza con le nuove Formule Alitalia. Con Formula Europa, in 37 destinazioni, le più belle città europee, con le tariffe più vantaggiose che si possa immaginare.

FORMULA EUROPA

Basta volare in due, o avere meno di 26 anni o più di 60. Esempi, a persona, andata e ritorno da Milano: Parigi, Vienna e Berlino 350.000. Da Roma: Atene 350.000, Vienna e Berlino 400.000, Parigi e Londra 450.000.

Ciao, invidiosi.

Alitalia
Lavoriamo per farci scegliere.

1 Quali città si possono visitare con le nuove Formule Alitalia?

2 Che cosa offre Formula Europa?

3 Qual'è il più costoso, il volo Roma – Parigi o il volo Roma – Vienna?

4 Chi può approfittare di questa offerta speciale?

Dialogo 4

La riunione si conclude.

   Ascolti e ripeta!

a che punto siamo?	*where have we got to?*
se non c'è altro	*if there is nothing else*
vorrei segnalare una cosa	*I would like to raise something*
che facciamo?	*what shall we do?*
nel frattempo	*in the meantime*
scade (scadere)*	*expires*
sotto molti aspetti	*in many respects*

Ascolti il dialogo!

Cesare Mori: A che punto siamo?

Marina Soleri: Se non c'è altro da discutere possiamo chiudere la riunione.

Matteo Cerulli: Vorrei segnalare una cosa. Ieri ho parlato con Cioppino che fa tutte le nostre spedizioni in Italia. È chiaro che mira a un grosso aumento delle tariffe nei prossimi mesi.

Cesare Mori:	È uno spedizioniere molto affidabile, ma dobbiamo esaminare le alternative. Che facciamo?
Matteo Cerulli:	Se non sbaglio l'attuale contratto con Cioppino scade fra undici mesi. Nel frattempo vediamo un pò le tariffe di altri spedizionieri . . .
Marina Soleri:	Possiamo addirittura gestire noi stessi le spedizioni in futuro . . .
Cesare Mari:	Ci sono chiaramente vari modi di affrontare il problema. Questa è una decisione molto importante per noi sotto molti aspetti. Propongo di rimandare la faccenda alla prossima riunione e nel frattempo di discutere la cosa con Cioppino. I punti dell'ordine del giorno per lunedì prossimo sono quindi: primo: spedizioni e secondo: acquisto macchinario.

Attività

A   Vero o falso?

1 Lo spedizioniere Cioppino si occupa di tutte le spedizioni per la Italsistemi.

2 Cioppino vuole aumentare le tariffe.

3 Il contratto con Cioppino scade fra due mesi.

4 Secondo Marina Soleri la Italsistemi può organizzare le proprie spedizioni.

5 Cesare Mori vuole decidere subito sulla faccenda di Cioppino.

B   Colleghi!

1 vari modi

2 propongo

3 vorrei segnalare

4 se non c'è altro

5 le tariffe

6 dobbiamo esaminare

a) di rimandare

b) da discutere

c) di altri spedizionieri

d) di affrontare il problema

e) le tariffe

f) una cosa

C   Vero o falso?

1 La TNT Traco offre:
  a) servizio traslochi

  b) servizio trasporti

  c) servizio assegni

TNT Traco.
Il corriere espresso ad elevata integrità.

In 24 ore, grazie all'imponente rete di trasporti stradali e aerei che raggiungono in poche ore i 119 Terminals dislocati omogeneamente su tutto il territorio nazionale, TNT TRACO è in grado di ritirare e consegnare a domicilio, in oltre 7.000 Comuni d'Italia, buste e merci senza limiti di dimensione e peso, ma con un preciso limite di tempo da rispettare. Anche con servizi personalizzati come le spedizioni in porto assegnato e in contrassegno. Sempre con la massima affidabilità che fa di TNT Traco il Corriere Espresso ad elevata integrità.

Il mondo del corriere espresso

2 La TNT Traco usa:
 a) corriera   *lorry / truck*

 b) nave

 c) aereo

3 La TNT Traco garantisce:
 a) consegna entro 24 ore

 b) consegna di merci di peso limitato

c) consegna in tutta Italia

D   **Ascolti!**

Ascolti i suggerimenti di un altro collega.
È d'accordo con Marina Soleri, Cesare Mori e Matteo Cerulli?

	sì	no
1		
2		
3		
4		
5		

E   **Ora tocca a Lei!**

Durante la riunione i colleghi presentano alcuni problemi.
Con un(a) collega suggerisca una soluzione.

1 Il macchinario non funziona

2 La tariffa di spedizione è superiore al previsto

3 Il preventivo dell'Hotel Europa è troppo caro

4 Più di duecento persone hanno risposto all'annuncio per il posto di agente di vendita.

5 La faccenda dell'IVA non è ancora risolta.

6 L'ingegner Bordone è assente per malattia.

● ●

Italia oggi

Donne e lavoro

Women at work

La percentuale di donne che lavorano o in cerca di occupazione è in continuo aumento anche in Italia. Le donne che hanno una occupazione retribuita sono circa 8 milioni. I tipi di occupazione dove le donne avanzano più rapidamente sono le professioni.

1971   1981

Pari opportunità per le donne

equal

Magistrato, notaio, avvocate
3.7%   10%   72.7%

Docente 66.6%

21.5%

Commercialista, economista, statistico
9.8%

28.5%   42.1%
Impiegata amministrazione, direzione

La legge 125 del 10 aprile 1991 favorisce l'occupazione femminile e l'uguaglianza sostanziale tra uomini e donne nel lavoro attraverso una serie di misure denominate 'azioni positive per la realizzazione della parità uomo-donna nel lavoro'. Esiste una Commissione delle Pari Opportunità che tutela, almeno in teoria, i diritti delle donne. Ma per il momento solo il 3,5% dei dirigenti d'azienda è di sesso femminile.

Silvana Menapace Dirigente presso L'Azienda Energetica Municipale a Milano 45 anni, vive con un compagno, non ha figli.

'Fare carriera è molto più faticoso per una donna . . . le aziende sono solo dei clan per soli uomini . . .'

Ada Grecchi, Vicedirettore centrale del personale ENEL, Vicepresidente della Commissione Parità. Sposata, con due figli. 'Carriera e famiglia non sono incompatibili, ma non si può pretendere di occuparsi di tutto. Per quanto riguarda l'atteggiamento da tenere in azienda sono personalmente convinta che l'aggressività non sia una buona politica.'

projects

1 Chi tutela i diritti delle donne che lavorano o in cerca di lavoro?
2 Qual'è la percentuale di donne dirigenti d'azienda?
3 In quali settori le donne hanno progredito più rapidamente?
4 Secondo Ada Grecchi, carriera e famiglia sono compatibili?
5 Perchè fare carriera nelle aziende è più difficile, secondo Silvana Menapace?

Informazione flash

Le donne che lavorano hanno diritto a un congedo di maternità di 21 settimane a 80% del salario più un periodo opzionale di 6 mesi a 30% del salario.
L'orario di lavoro è ridotto di 2 ore per 12 mesi dopo la nascita.

8 Marzo = La Festa della Donna

Action checklist

Before going on to Stage 8 make sure you can:

- *make polite enquiries about a colleague's week-end*
  hai passato un buon fine-settimana?

- *explain a colleague's absence*
  Cesare è al telefono

- *indicate a hope/wish*
  spero che . . .

- *apologize for lateness*
  scusate il ritardo

- *enquire about the agenda*
  cosa c'è nell'ordine del giorno?

- *propose amendment to order of agenda*
  propongo di cominciare con il secondo punto

- *state a recognized need*
  è chiaro che ci occorre un . . .

- *ask for a brief description*
  puoi descrivere brevemente . . .

- *elicit opinion of colleagues*
  cosa ne pensate?

- *express surprise*
  . . . sono sorpreso

- *express a reservation about something*
  non ne sono convinto

- *invite a colleague to renegotiate*
  cerca di trattare

- *close a meeting*
  possiamo chiudere la riunione

- *raise something*
  vorrei segnalare una cosa

- *suggest delaying the decision*
  propongo di rimandare la decisione

negotiations / dealings

> *In Stage 8 you will learn how to:*
> - negotiate more favourable terms
> - explore trade potential
> - review a quotation and make concessions
> - sum up the revised terms

Prima di tutto

Il capo è il direttore.

1 Qual'è secondo la pubblicità, il segreto del suo successo?

2 Che effetto ha la poltrona Sedus sul direttore?

Il capo sorride.
Come mai?

Deve avere dei buoni motivi.
Nessuno riusciva a scoprire
il segreto di tanta serenità.
Ora il mistero è stato svelato:
anche in ufficio il capo
è all'avanguardia.
Infatti è seduto su una poltrona
direzionale Sedus,
dimostrazione pratica di
progresso e tecnologia.
Così si può concentrare meglio
e svolge il suo
lavoro più rilassato.

Sedus Stoll S.r.l.
Via Giotto, 20/22
22075 Lurate Caccivio (Como)
Tel. 031/49.01.35
Ufficio di Rappresentanza
e Show Room
Via delle Sette Chiese, 136
00145 Roma
Tel. 06/575.89.27
Filiali e uffici di rappresentanza
in tutto il mondo.

Sedus ®

Il simbolo di una seduta dinamica

Dialogo 1

Matteo Cerulli ritorna all'Hotel Europa per trattare con Camilla Gatti.

 Ascolti e ripeta!

è stato esaminato	*has been examined*
non è stata prevista	*has not been envisaged*
rispetto a (ad)	*compared with*
in fase di espansione	*in a period of expansion*
non si preoccupi (preoccuparsi)*	*don't worry*
si troverà un accordo	*an agreement will be found*

 Ascolti il dialogo!

Matteo Cerulli: Il preventivo è stato esaminato dalla nostra direzione. Purtroppo è troppo caro. Come Lei sa, si tratta di una presentazione interna quindi non è stata prevista una grossa spesa. E poi, noi abbiamo richiesto la sala Leonardo che è meno costosa.

Camilla Gatti: Ho capito. Vorrei in ogni caso, farLe notare, dottore, che le nostre tariffe sono estremamente competitive rispetto ad altri operatori nel settore che offrono un simile livello di servizi. In più, riconoscendo il nostro errore, vi abbiamo già offerto uno sconto sul prezzo reale della sala Raffaello.

Matteo Cerulli: Devo riconoscere che la qualità dei servizi è ottima, ma la Italsistemi è in fase di espansione anche sul mercato europeo. Sono necessari grossi investimenti in macchinari, come può capire . . .

Camilla Gatti: Certamente. Ma non si preoccupi, si troverà sicuramente un accordo.

Attività

A Scelga la risposta giusta!

1 Matteo Cerulli non vuole accettare il preventivo
   a) perchè è troppo costoso
   b) perchè la sala Raffaello è troppo piccola

2 Secondo Camilla Gatti
   a) le tariffe dell'Hotel Europa sono competitive
   b) il livello dei servizi degli altri operatori nel settore non è cosi buono

3 L'Italsistemi non può spendere molto in questo momento
   a) perchè c'è la recessione
   b) perchè è in fase di espansione

Per comunicare bene

adesso   o   prima?
il costo è giustificato   il costo è stato
la spesa è prevista   giustificato
la spesa è stata
prevista

B   Legga queste descrizioni e trovi la definizione adatta!

1 E' il momento in cui si presenta il nuovo sistema al personale della ditta.

1 ___ _____
     _____

2 Costa molto

2 ___ _____ _____

3 I nostri prezzi

3 __ _____ _____

4 Sono altre persone che fanno lo stesso lavoro.

4 _____ _____

5 Nel campo.

5 ___ _____

6 E' il contrario di recessione

6 __ ____ __ _____

7 Si vende non solo in Italia

7 ___ _____ _____

8 Investire molto denaro nella società.

8 _____ _____

C   **Ascolti e risponda!**

Lavoro a coppie. Lei ha ricevuto un preventivo che non va bene. Deve trattare con il direttore dell'Albergo del Sole.

D   **Scriva!**

Lei è stato chiesto di preparare una pubblicità per l'Hotel Europa. Legga la pubblicità per il Reggia Palace Hotel e poi scriva la sua!

Dialogo 2

Camilla Gatti cerca di valutare il possibile volume d'affari che un accordo con la Italsistemi potrebbe generare.

 Ascolti e ripeta!

Lei mi dice (dire)*	*you tell me*
Lei prevede . . .? (prevedere)*	*do you anticipate . . .?*
come sistemate . . .? (sistemare)*	*what arrangements do you make for . . .?*
dove capita	*anywhere*
do un'altra occhiata	*I'll have another look*

Ascolti il dialogo!

Camilla Gatti: Lei mi dice che la Italsistemi è in fase di espansione. Lei prevede altre presentazioni di una certa importanza in futuro?

Matteo Cerulli: Finora è stata usata la sala seminari in sede centrale, che però ha spazio limitato e che potrebbe avere altri usi in futuro. Prevedo certamente la necessità di usare sale conferenze esterne regolarmente, almeno sei volte all'anno.

Camilla Gatti: E come sistemate il vostro personale o i vostri clienti quando visitano la sede centrale?

Matteo Cerulli: Normalmente il personale pernotta dove capita, poi ovviamente l'azienda rimborsa le spese. La segretaria si occupa a volte delle prenotazioni di camere per i clienti e i fornitori.

Camilla Gatti: Mentre Lei finisce di bere il suo caffè dottore io do un'altra occhiata al nostro preventivo.

Attività

A   Vero o falso?

1 La segretaria prenota sempre le camere per i fornitori.

2 Matteo Cerulli prevede un altro uso per la sala seminari in sede centrale.

3 Il personale riceve dalla Italsistemi il rimborso delle spese di pernottamento.

4 Camilla Gatti va a bere un caffè

B   Capisce?

Un agente di vendita della Italsistemi ha presentato questa nota spese per il rimborso.

1 Quanto ha speso in tutto per il viaggio?

2 Quante notti ha passato in albergo?

3 Quanto ha speso in tutto per i pasti?

4 Quali altre spese ha fatto?

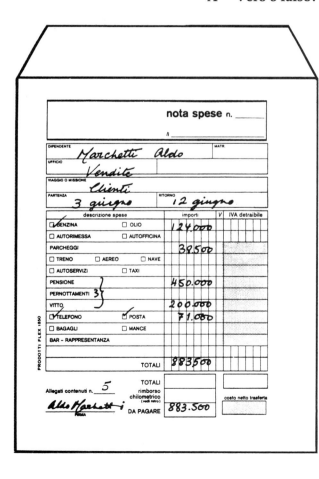

C   Ascolti!

nota spese n. _____

Il _____

DIPENDENTE		MATR.	
UFFICIO			

VIAGGIO O MISSIONE

PARTENZA		RITORNO	

descrizione spese		importi	V	IVA detraibile
☐ BENZINA	☐ OLIO			
☐ AUTORIMESSA	☐ AUTOFFICINA			
PARCHEGGI				
☐ TRENO ☐ AEREO ☐ NAVE				
☐ AUTOSERVIZI ☐ TAXI				
PENSIONE				
PERNOTTAMENTI				
VITTO				
☐ TELEFONO	☐ POSTA			
☐ BAGAGLI	☐ MANCE			
BAR – RAPPRESENTANZA				
	TOTALI			

PRODOTTI FLEX 1850

	TOTALI	
Allegati contenuti n. _____	rimborso chilometrico (vedi retro)	costo netto trasferta
_____ FIRMA	DA PAGARE	

Lei lavora nella sezione contabilità. Un agente di vendita telefona per dire che non ha un modulo in bianco da compilare. Prenda nota delle spese e trasferisca le informazioni sul modulo.

D   Ora tocca a Lei!

Completi il dialogo con un(a) collega.

Lei: Secondo ...., la sua azienda è in .... di espansione. Lei .... di organizzare molte altre .... in futuro?

Collega: .... Almeno quattro .... all'anno. Prevedo la .... di usare sale conferenze .... perché la .... sala seminari ha .... limitato.

Lei: E dove .... il personale in visita .... sede centrale?

Collega: Normalmente .... capita, ma qualche volta la segretaria .... per i .... e i fornitori.

Lei: Questo mi .... molto interessante. Forse l'Hotel Europa può .... il personale e .... clienti ....

Dialogo 3

La dottoressa Gatti è disposta a concedere una riduzione ma a certe condizioni . . .

 Ascolti e ripeta!

vorrei farLe una proposta	*I would like to make a suggestion to you*
L'ascolto	*I am listening to you*
a sua volta	*in its turn*
si impegna (impegnarsi)	*undertakes*
usufruire di (della)	*benefit from*
se Lei praticasse	*if you were to effect*
potremmo	*we could*
sono disposta a concedere	*I am willing to grant*

 Ascolti il dialogo!

Camilla Gatti: Ho fatto alcuni calcoli e vorrei farLe una proposta.

Matteo Cerulli: Dica, dottoressa.

Camilla Gatti: Siamo disposti a offrire una riduzione del 15% sul preventivo. A sua volta la Italsistemi si impegna ad utilizzare il nostro hotel nei prossimi dodici mesi per il pernottamento del personale e dei clienti in visita alla sua sede centrale e per tutte le grandi presentazioni.

Matteo Cerulli: E' una proposta interessante, ma . . .

Camilla Gatti: . . . e può usufruire della nostra tariffa preferenziale per aziende.

Matteo Cerulli: Le confesso che normalmente non usiamo alberghi di lusso per il nostro personale. Se, però, Lei praticasse un'ulteriore riduzione, potremmo metterci d'accordo.

Camilla Gatti: Per mostrare la nostra buona volontà, sono disposta a concedere una camera gratis per ogni dieci prenotazioni, in effetti un ulteriore sconto del 10%.

Attività

A   Capisce?

1 Quant'è la prima riduzione che offre Camilla Gatti?

2 Quali sono le condizioni?

3 Che cosa ne pensa Matteo Cerulli?

4 Che cos'altro offre Camilla Gatti?

5 Perchè Matteo Cerulli non è subito d'accordo?

6 Quale ulteriore sconto è disposta a concedere Camilla Gatti?

B **Completi!**

Rilegga il preventivo a pagina 97 e faccia i cambiamenti necessari.

Precedente totale: L. ....
Sconto ..... %:   L. ....

Sub-totale: L. ....

Costo di una camera: L. ....

Sconto su 29 camere: L. ....

Totale da pagare: L. ....

Per comunicare bene

Le o gli?
Ha telefonato *a Luca*?   Sì, *gli* ho telefonato ieri.
Ha telefonato *a Simonetta*?   Sì, *le* ho telefonato ieri.
Ha telefonato *a Matteo e Simonetta*? Sì, *gli* ho telefonato ieri.

Ma attenzione!

Ha mandato *il fax a Stefano*?   No, *glielo* mando subito
                                    lo + gli = glielo
Ha mandato *la nota a Rossella*?   No, *gliela* mando subito
                               la + le = gliela
Ha mandato *la lettera a Ina e Eleonora*?   No, *gliela* mando subito
                               la + gli = gliela

C **Ora tocca a Lei**

Ha scritto o telefonato a queste persone?
Modello: Ha scritto a Luca?
          No, gli ho telefonato.

1 Ha telefonato a Luisa?

2 Ha scritto a Soleri e Mori?

3 Ha parlato a Matteo?

4 Ha telefonato a Matteo e Simonetta?

5 Ha scritto a Camilla Gatti?

D Completi!

Oggi lei è molto stanco/a e non lavora bene.
Modello: Direttore: Ha mostrato il preventivo a Marina Soleri
e Cesare Mori?
Lei: No, ma glielo mostro subito.

1 Ha dato il messaggio a Stefano Falco?
No, ma .... do subito.

2 Ha offerto una riduzione a Matteo?
No, ma .... offro subito.

3 Ha fatto la proposta a Matteo e Simonetta?
No, ma .... faccio subito.

4 Ha mandato le informazioni a Camilla Gatti?
No, ma .... mando subito.

E Risponda!

Lavoro a coppie. C'è molto rumore in ufficio. Un/a nuovo/a
collega Le parla ma Lei non ha capito bene. Verifichi quello
che ha detto.
Modello: Lei: Che cosa mi ha detto? (che è ora di uscire)
Collega: Le ho detto che è ora di uscire.

1 Scusi, che cosa mi ha offerto? (una tazza di caffè)

2 Scusi, che cosa mi ha chiesto? (la sua opinione)

3 Scusi, che cosa mi ha mandato ieri? (il dépliant)

4 Scusi, che cosa mi ha detto? (che Camilla Gatti aspetta)

Dialogo 4

Matteo Cerulli e Camilla Gatti riassumono le condizioni della
proposta.

 Ascolti e ripeta!

riassumendo (riassumere)*	*summing up*
si impegna a utilizzare (impegnarsi)*	*agrees to using*
qualsiasi esigenza	*any requirement*
una soluzione soddisfacente	*a satisfactory solution*
passerò (passare)* questa proposta a . . .	*I shall put this proposal to . . .*

 Ascolti il dialogo!

Camilla Gatti: Riassumendo, noi organizzeremo la sua presentazione con uno
sconto del 15% . . .

Matteo Cerulli: . . . e la Italsistemi si impegna a utilizzare l'Hotel Europa per
qualsiasi esigenza nei prossimi dodici mesi.

Camilla Gatti: Noi concederemo uno sconto del 10% sulle camere e praticheremo la tariffa preferenziale per le aziende su qualsiasi prenotazione delle sale conferenze.

Matteo Cerulli: Mi sembra una soluzione soddisfacente per entrambi. Passerò questa proposta alla direzione ma è una semplice formalità. Le telefonerò per confermare appena possibile.

Attività

A Vero o falso?

1 Camilla Gatti concederá una riduzione sulle tariffe . . .

2 . . . a condizione che la Italsistemi utilizzi l'Hotel Europa regolarmente.

3 Lo sconto del 10% è solo per il ristorante.

4 L'Hotel Europa praticherà tariffe preferenziali per tutte le aziende.

5 Matteo Cerulli accetta la proposta immediatamente.

B Capisce?

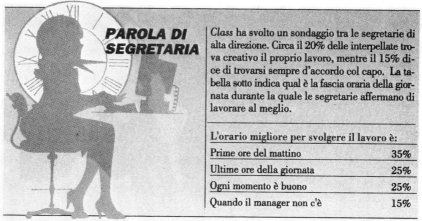

Class ha svolto un sondaggio tra le segretarie di alta direzione. Circa il 20% delle interpellate trova creativo il proprio lavoro, mentre il 15% dice di trovarsi sempre d'accordo col capo. La tabella sotto indica qual è la fascia oraria della giornata durante la quale le segretarie affermano di lavorare al meglio.

L'orario migliore per svolgere il lavoro è:	
Prime ore del mattino	35%
Ultime ore della giornata	25%
Ogni momento è buono	25%
Quando il manager non c'è	15%

1 La percentuale di segretarie che lavorano meglio quando il manager è assente è   ....%

2 La percentuale di segretarie che sono sempre d'accordo con il capo è   ....%

3 La percentuale di segretarie che lavorano efficientemente in qualsiasi momento è   ....%

4 La percentuale di segretarie che lavorano meglio prima di colazione è   ....%

5 La percentuale di segretarie soddisfatte del proprio lavoro è   ....%

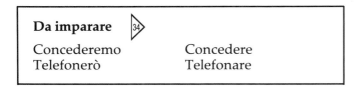

Da imparare

| Concederemo | Concedere |
| Telefonerò | Telefonare |

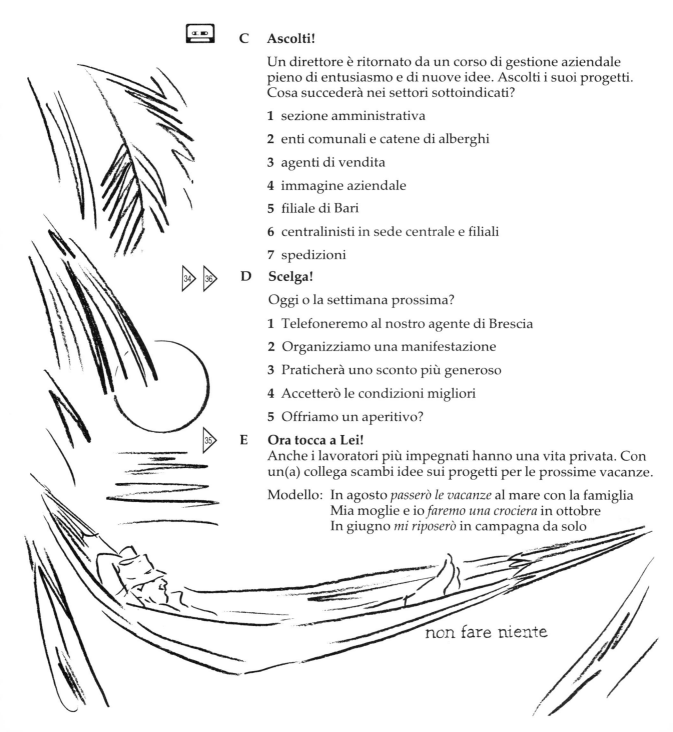

C **Ascolti!**

Un direttore è ritornato da un corso di gestione aziendale pieno di entusiasmo e di nuove idee. Ascolti i suoi progetti. Cosa succederà nei settori sottoindicati?

1 sezione amministrativa

2 enti comunali e catene di alberghi

3 agenti di vendita

4 immagine aziendale

5 filiale di Bari

6 centralinisti in sede centrale e filiali

7 spedizioni

D **Scelga!**

Oggi o la settimana prossima?

1 Telefoneremo al nostro agente di Brescia

2 Organizziamo una manifestazione

3 Praticherà uno sconto più generoso

4 Accetterò le condizioni migliori

5 Offriamo un aperitivo?

E **Ora tocca a Lei!**
Anche i lavoratori più impegnati hanno una vita privata. Con un(a) collega scambi idee sui progetti per le prossime vacanze.

Modello: In agosto *passerò le vacanze* al mare con la famiglia
Mia moglie e io *faremo una crociera* in ottobre
In giugno *mi riposerò* in campagna da solo

non fare niente

fare una crociera

passare le vacanze al mare

fare vela

fare trekking nelle Alpi

fare roccia

TRATTARE
PREVENTIVO
ESAMINATO
INVESTIMENTI
RIMBORSIAMO
CALCOLI
OFFRIRE
RIDUZIONE
COMPETITIVE
USUFRUIRE
PREFERENZIALE
GRATIS
SPESA
CARO

```
C E L A I Z N E R E F E R P G T K C N J
G O P K S H I T I U M R A R Z I R I R K
C I M L M W B J L O E R A T T A R T L O
S W D P E Q C F O F C E H Y Q O A I C V
L D D X E M M F C U M H W A R I W P E T
N A W Y F T B V L K I M D A W I N B N R
S S A I Z P I L A W G H C J A K C R S I
Y Y A C J G R T C E E S A M I N A T O M
O C N P D R D E I O R C N L P C A Z Q B
Z K S M T G U O V V Z I G A A Q K X N O
G L Z I O X S D K E E H R C J S I I B R
O R Q C Q P U G M A N G D F H Q E R P S
L B A U E S F O W J H T E M F K D P H I
I H D T Z Q R C V B K R I Y Y O X C S A
K K W U I N U G H N E H E V Z O H H V M
O Y R H D S I M E L O Y H X O N S W B O
P E E A J K R I D U Z I O N E P B Q I K
G K K A R I E D F T W B I D F Z M H H V
W P L Y E N J M J E V R A H L P D G Y N
Z R U E E I N V E S T I M E N T I V M H
```

• •

Italia oggi

Come va l' economia? _The economy_

Dopo il boom economico degli anni 80,
l'economia italiana ha avuto difficoltà comuni
anche agli altri paesi in Europa e nel mondo.
Ma cosa pensano gli esperti dell'economia
italiana negli anni 90? Gli operatori di grandi
istituti finanziari internazionali esprimono la
loro opinione sull' Italia come potenza
economica:

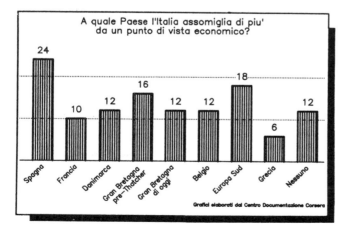

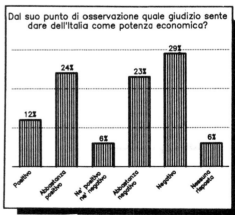

Informazione flash

L'Italia nella Comunità Economica
Europea

EEC

COMUNITÀ EUROPEA

Dati aggiornati al 1990 in tutte le tabelle	Belgio	Inghilterra	Danimarca	Francia	Germania	Grecia	Irlanda	Italia	Lussemburgo	Olanda	Portogallo	Spagna
Popolazione in milioni	9.9	57.2	5.1	56.4	79.5	10.0	3.5	57.7	0.38	14.9	10.5	40.0
GNP in miliardi	$197.1	$979.9	$125.5	$1,190.2	$1,648.8	$67.3	$37.1	$1,077.5	$8.9	$278.0	$59.5	$487.1
GNP pro capite	$20,013	$17,119	$24,426	$21,088	$20,740	$6,697	$10,600	$18,687	$23,560	$18,608	$5,647	$12,503
Tasso di inflazione	3.4%	9.5%	2.6%	3.4%	2.7%*	20.4%	3.4%	6.5%	3.7%	2.5%	13.4%	6.7%
Bilancia commerciale in milioni di $	-$1,769	-$31,131	$4,566	-$13,954	$65,230	-$10,178	$3,977	$723	N.A.	$10,466	-$6,580	-$29,566
Persone per apparecchio TV	3.2	3.0	2.7	2.5	2.6*	5.7	3.8	3.9	4.0	3.2	6.4	2.6

* Solo Germania Occidentale.

Action checklist

Before going on to Stage 9 make sure you can:

- *state that something is too expensive*
  è troppo caro

- *draw someone's attention to . . .*
  vorrei farLe notare che

- *admit something*
  devo riconoscere che . . .

- *reassure someone*
  non si preoccupi

- *enquire about arrangements*
  come sistemate

- *enquire about future needs*
  Lei prevede . . . ?

- *anticipate needs*
  Prevedo la necessità

- *show interest in what is being said*
  L'ascolto con interesse

- *hint at a conditional agreement*
  potremmo metterci d'accordo

- *make a concession*
  sono disposta a concedere

- *state the company's commitment*
  si impegna a . . .

- *state intention to pass proposal to . . .*
  passerò questa proposta a . . .

9

Si giunge ad una decisione

In Stage 9 you will learn how to:
- report back on negotiations
- make comparisons
- finalise a programme
- direct and share tasks

Prima di tutto

Cosa c'è da vedere a Bologna?
Torri Medioevali e Torri Moderne.
Nel medioevo, si dice che c'erano circa cento torri a Bologna.
Oggi, ce n'è solo una ventina. Quelle aggiunte più recentemente sono le Torri di Kenzo Tange nella Fiera District.

Le Due Torri, gli Asinelli e la Garisenda (inalzate nel secolo XII) i monumenti più noti e più fotografati di Bologna. Da sempre esse costituiscono quasi un simbolo, un punto ideale della struttura di Bologna.

Le Torri della Fiera
District di Bologna, progettate alla fine degli anni 1960 dall'architetto giapponese Kenzo Tange per ospitare il complesso fieristico bolognese, uno tra i primi in Europa per attrezzature espositive a livello delle manifestazioni.

Dialogo 1

Dopo l'incontro con Camilla Gatti, Matteo Cerulli ritorna alla Italsistemi e riferisce a Cesare Mori l'esito delle trattative.

Ascolti e ripeta!

vorrei metterti al corrente	*I'd like to let you know*
immagino che sia	*I imagine it is*
nel senso proposto	*in the manner proposed*
sarebbe	*would be*
ci impegneremmo* con loro (impegnarsi)	*we would become involved with them*
a lunga scadenza	*in the long term*
risolveremmo* in un colpo solo	*we would resolve at a single stroke*
otterremmo* (ottenere)	*we would obtain*
semplificheremmo* (semplificare)	*we would simplify*
a scadenze fisse	*at fixed intervals*

Ascolti il dialogo!

Matteo Cerulli: Se sei libero un momento, Cesare, vorrei metterti al corrente della faccenda del preventivo dell'Hotel Europa.

Cesare Mori: Con la tua esperienza in fatto di trattative, immagino che l'esito sia positivo!

Matteo Cerulli: Diciamo che un eventuale accordo nel senso proposto dalla dottoressa Gatti sarebbe interessante per entrambe le parti. Noi ci impegneremmo con loro a lunga scadenza, risolveremmo in un colpo solo tutti i problemi di prenotazione e otterremmo in cambio un trattamento preferenziale.

Cesare Mori: Vedo anche un altro vantaggio dal punto di vista amministrativo: semplificheremmo anche la questione dei pagamenti. Si potrebbero infatti regolare i conti con l'Hotel a scadenze fisse. La loro contropartita sarebbe ovviamente quella di avere clientela assicurata anche durante la bassa stagione.

Attività

A   Capisce?

Quali sono i vantaggi dell' accordo proposto da Camilla Gatti per la Italsistemi?

1 Risolvere i problemi di pernottamento per i clienti.

2 Avere uno sconto per le camere.

3 Avere una priorità su altri clienti dell'Hotel nella prenotazione di sale conferenze.

4 Regolare i conti con l'Hotel a scadenze fisse.

Per comunicare bene.

come esprimere incertezza o possibilità
se sei libero, vorrei metterti al corrente
se praticasse un'ulteriore riduzione, potremmo
metterci d'accordo

Da imparare

vorrei (volere); sarebbe (essere);
risolveremmo (risolvere)

 B   Ascolti e risponda!

Stimolo: Vorrei parlare con il direttore, e voi?
Risposta: Anche noi vorremmo parlare con il direttore.

C   Completi!

Completi queste frasi senza guardare il dialogo!

1   Cesare, vorrei metterti ....

2   Un accordo sarebbe interessante per ....

3   Ci impegneremmo con loro .. ..

4   Risolveremmo ... . tutti i problemi di prenotazione.

5   Vedo un vantaggio ... . amministrativo.

6   Si potrebbe regolare i conti . ...

Dialogo 2 _____

Matteo Cerulli e Cesare Mori esaminano infine le condizioni
proposte da altre organizzazioni.

 Ascolti e ripeta!

sembra offrire	*appears to offer*
a suo favore	*in its favour*
a parità di servizi	*with the same level of services*
non ne parliamo!	*don't even mention it!*
all'altezza del compito	*up to the job*
che io abbia mai visto	*that I have ever seen*
Basta, mi hai convinto! (convincere)*	*enough! you have persuaded me!*

 Ascolti il dialogo!

Cesare Mori: Allora, secondo te l'Hotel Europa sembra offrire le condizioni
migliori rispetto ad altre organizzazioni?

Matteo Cerulli: Ne sono certo. I confronti sono certamente a suo favore. Guarda
qui gli altri preventivi: la Villa Molino pratica tariffe più alte a
parità di servizi ed è anche scomoda da raggiungere. Il Motel
Presidente è meno caro della Villa Molino, ma solo in apparenza
perchè tutte le attrezzature sono extra. Il Centro Congressi ha

tariffe meno care del Motel Presidente ma sempre più alte dell'
Hotel Europa.

Cesare Mori: Non c'è anche il nuovo Business Center vicino all'aeroporto?

Matteo Cerulli: Non ne parliamo! È il peggiore di tutti. Il personale non è assolutamente all'altezza del compito, hanno il gestore più inefficente che io abbia mai visto e il servizio ristorante è pessimo.

Cesare Mori: Basta, mi hai convinto!

Attività

A   Vero o falso?

1 Le condizioni più favorevoli sono offerte dall'Hotel Europa

2 Il Centro Congressi è più caro del Motel Presidente

3 Il Business Center è in centro città

4 La Villa Molino è facilmente raggiungibile

5 Matteo Cerulli ammira l'organizzazione del Business Center

B   Colleghi!

a) le condizioni migliori	1 della Villa Molino
b) è il peggiore	2 più alte
c) il gestore più inefficiente	3 rispetto ad altre organizzazioni
d) è meno caro	4 care
e) tariffe	5 di tutti
f) le tariffe meno	6 che io abbia mai visto

C   Ascolti!

Durante una pausa per i rinfreschi al Congresso Unione Esportatori, alcuni partecipanti scambiano opinioni sul congresso. Cosa dicono?

1 L'organizzazione quest'anno è .... efficiente .... anno scorso.

2 È il seminario .... noioso .... abbia .... mai ascoltato. I conferenzieri sono ....

3 Non esageriamo! Sono d'accordo, l'organizzazione è .... efficiente, ma il programma è .... stimolante e soprattutto .... interessante per il nostro settore.

4 Sì, ma gli interventi utili sono .... numerosi.

5 Gli interventi .... sono stati quelli del presidente, ma devo ammettere che la relazione di Bardelli è stata la .... di tutte

D Ascolti!

Ascolti i dati sulla produzione di acqua minerale e verifichi sul grafico se le affermazioni sono esatte.

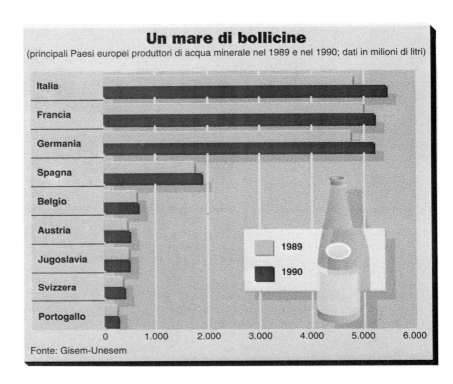

Un mare di bollicine

(principali Paesi europei produttori di acqua minerale nel 1989 e nel 1990; dati in milioni di litri)

Fonte: Gisem-Unesem

	Esatto	Inesatto
1		
2		
3		
4		
5		
6		

E Lavoro di gruppo.

Anche Lei partecipa al congresso dell'Unione Esportatori. Durante la pausa per la colazione commenti con i colleghi sui vari aspetti del congresso:

Organizzazione	Ambiente	Conferenzieri
Rinfreschi	Programma	Servizi
Camere	Menù	Sala conferenze

Dialogo 3

Prima di confermare l'accordo con Camilla Gatti, Matteo Cerulli e Cesare Mori discutono il programma della presentazione.

 Ascolti e ripeta!

nei minimi dettagli	*in the minutest detail*
spero che il suo budget sia ben speso	*I hope your budget has been well spent*
ci saranno (essere)*	*there will be*
sui più diffusi quotidiani	*in the newspapers with the widest circulation*
ed inoltre	*and besides*
ci sarà (essere)*	*there will be*

 Ascolti il dialogo!

Cesare Mori: Il programma è già stato deciso?

Matteo Cerulli: Sì. Cominceremo alle 9.30 con la mia relazione sull'andamento generale del mercato interno e estero e sulle proiezioni per i prossimi sei mesi. Passeremo poi alla presentazione dei sistemi – gli agenti di vendita dovranno conoscere il prodotto nei minimi dettagli – Ho chiesto all'ingegner Bordone di spiegare i dati tecnici. Dopodiché guarderemo il filmato. Alle 11.30 Meletto descriverà le modalità per la distribuzione e la spedizione ai clienti. Dopo colazione il direttore di marketing e pubblicità presenterà la nuova campagna pubblicitaria.

Cesare Mori: Spero che il suo budget sia ben speso: per questa campagna per i nuovi sistemi mi ha chiesto una cifra eccezionale.

Matteo Cerulli: Per il lancio, ci saranno i soliti annunci sui più diffusi quotidiani e settimanali ed inoltre ci sarà uno spot televisivo molto divertente curato dall'agenzia pubblicitaria che ha anche preparato i cartelloni e il catalogo.

Cesare Mori: Ci sarà tempo per una discussione?

Matteo Cerulli: Sì, nel pomeriggio ci saranno quattro gruppi di lavoro su aspetti della vendita e del servizio clienti.

Attività

A   Capisce?

Scriva il programma della giornata secondo quello che dice Matteo Cerulli.

9.30	1	relazione sull'andamento generale del mercato
	2	
	3	
	4	
11.30	5	
		colazione
	6	
	7	

B   Ascolti!

Ascolti il dialogo di nuovo e completi!

1 Gli agenti di vendita devono conoscere il prodotto .. ..
....

2 Ho chiesto all'ingegnere Bordone di spiegare . ...

3 Merletto descriverà .. .. per la distribuzione e la spedizione .. ..

4 Il direttore di marketing presenterà .. ..

5 ... . ci saranno i soliti annunci.

6 Ci sarà tempo ... ...

C   Lei parla a Matteo Cerulli e Camilla Gatti. Come rispondono?
Modello: A che ora comincerete?
              Cominceremo alle 9.30

1 A che ora comincerete?

2 Che cosa farete dopo?

3 Chi spiegherà i dati tecnici?

4 Poi che cosa farete?

5 Chi descriverà le modalità per la distribuzione?

6 Che cosa presenterà il direttore di marketing e pubblicità?

7 Per il lancio che cosa ci sarà?

8 Quanti gruppi ci saranno?

D   Per informarsi, a quale numero telefonerà?

Modello: Lei deve comprare qualcosa per la bambina di
un'amica. Dove telefonerà? Telefonerò al 493315

1 Lei ha promesso di comprare un profumo per sua sorella.

2 Lei vuole andare in piscina ma ha dimenticato il costume da
bagno.

3 Lei ha una macchia sulla sua giacca e c'è una riunione
importante domani.

4 Il motore della macchina non parte.

5 Ha bisogno di cambiare soldi ma non sa a che ora apre la
banca.

Dialogo 4

Matteo Cerulli e Simonetta Giorgi preparano un piano di lavoro.

Ascolti e ripeta!

cosa altro resta da fare?	*what else is there to do?*
appena	*as soon as*
Te ne puoi occupare tu . . . ?	*could you take care of it . . . ?*
È responsabilità sua	*it's his responsibility*
me ne posso occupare io	*I can take care of it*

Ascolti il dialogo!

Matteo Cerulli: Cosa altro resta da fare?

Simonetta Giorgi: Io manderò le lettere con il programma definitivo a tutti i partecipanti appena tu confermi l'accordo con l'Hotel Europa.

Matteo Cerulli: Bisogna sollecitare la stamperia, non vorrei ritardi nella consegna dei cataloghi. Normalmente dovrebbe farlo Marta, ma in questo momento è a un corso di formazione a Roma. Te ne puoi occupare tu, per favore?

Simonetta Giorgi: D'accordo. E le fotografie per l'esposizione?

Matteo Cerulli: Non sono ancora state fatte. Bonino andrà al reparto la settimana prossima. È responsabilità sua, ma se ci sono problemi, me ne posso occupare io.

Simonetta Giorgi: Io vorrei avere tutti i documenti pronti da fotocopiare non più tardi del 27 settembre. Non vorrei correre rischi con la fotocopiatrice.

Attività

A   Vero o falso?

1 L'accordo con l'Europa è già stato confermato.

2 Marta è a Roma a una conferenza stampa.

3 Bonino si occupa delle fotografie per l'esposizione.

4 I documenti da fotocopiare devono essere consegnati a Simonetta entro il 27 settembre.

5 Simonetta ha qualche dubbio sull'efficienza della fotocopiatrice.

Per comunicare bene

Te ne puoi occupare *tu*, per favore?
Si, *me ne* posso occupare *io*.
No, *se ne* puo' occupare *Mario*.

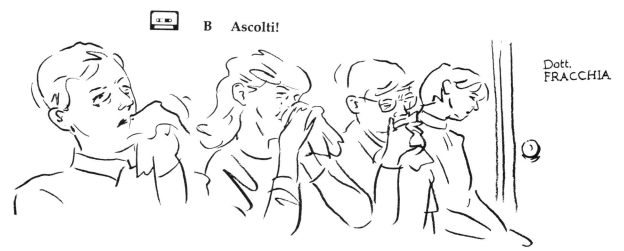

B   Ascolti!

Dott.
FRACCHIA

Il 38% del personale nella sua azienda è assente a causa di un virus misterioso. Durante una riunione d'emergenza la capo sezione Paola Scotto assegna i compiti ai colleghi presenti. Ascolti e prenda nota dei compiti di ogni persona.

	Valentina	Elisa	Tommaso	Simone	Paola
Corrispondenza clienti					
Fatture					
Documentazione IVA					
Pubblicità					
Rimborsi spese					
Preventivi					
Spedizioni					
Corsi di formazione					
Riparazione telefono					

C   Ora tocca a Lei!

Simonetta Giorgi parte per le ferie la prossima settimana. Il suo lavoro deve essere diviso fra colleghi. Con un(a) collega decida come dividere le responsabilità.

Modello: Carla, *ti puoi* occupare *tu* dei preventivi?
      Sì, certo *me ne posso* occupare *io*
      No, *se ne può* occupare *Fantozzi*

- Mandare i cataloghi alle filiali
- Confermare la spedizione dell'ordine
- Prenotare lo stand alla Fiera
- Disdire la riunione con il personale tecnico
- Fotocopiare tutti i documenti
- Contattare l'agenzia pubblicitaria
- Sollecitare Bonino per le fotografie

D   Ora tocca a Lei!

Lei ha ricevuto la pubblicità dei corsi organizzati dalla Cesma. Telefoni subito ai suoi colleghi nei settori vendite e relazioni pubbliche per informarli. I colleghi chiederanno informazioni su tutti questi punti:

- Data
- Luogo
- Durata e formato
- Programma di studio

Italia oggi

Fiere, saloni, mostre e congressi

Fiere, saloni, mostre e congressi rappresentano nel mondo dell'industria e del commercio italiano un importante canale di comunicazione. Centinaia di manifestazioni sono organizzate annualmente in Italia. Le strutture organizzative indispensabili al successo di una manifestazione sono complesse – dal servizio interpreti a quello di sorveglianza, dalla ristorazione al servizio di informazione e stampa.
Bologna, una città all'avanguardia, ha creato un nuovo quartiere, il Bologna Fiere. Questo quartiere fieristico, progettato dall' architetto giapponese Kenzo Tange, comprende servizi e attrezzature permanenti per le numerose manifestazioni annuali. Accanto c'è il Palazzo della Cultura e dei Congressi, una delle piu' efficienti strutture congressuali, la Borsa Merci e il Palazzo degli Affari.
Ecco il calendario delle manifestazioni per il 1992.

Quartiere Fieristico di Bologna

24/27 gennaio
Arte Fiera
Mostra mercato internazionale d'arte contemporanea
BOLOGNAFIERE - Bologna - Tel. 051/282111

25/27 febbraio
Shoestyle
Salone della calzatura
ANCI SERVIZI - Milano - Tel. 02/809721

13/16 marzo
Micam-Modacalzatura
Mostra internazionale della calzatura
ANCI SERVIZI - Milano - Tel. 02/809721

25/29 marzo
Saiedue
Componenti e finiture per interni
FEDERLEGNO-ARREDO - Milano - Tel. 02/4817212

8/11 aprile
12 aprile: *apertura dei soli padiglioni Italia*
Fiera del libro per ragazzi
BOLOGNAFIERE - Bologna - Tel. 051/282111

11/15 aprile
Sioa
Salone dell'informatica, della telematica e dell'organizzazione aziendale
CONSORZIO SIOA - Bologna - Tel. 051/452936

27/30 maggio
Hospital
Mostra internazionale al servizio della sanità
SENAF - Bologna - Tel. 051/503318
con il patrocinio dell'AIFO

5/14 giugno
La Fiera
Campionaria internazionale di Bologna
BOLOGNAFIERE - Bologna - Tel. 051/282111

14/17 febbraio
Saca
Salone della aste, cornici, accessori e tecnologie
FEDERLEGNO-ARREDO - Milano - Tel. 02/4817212

16/19 giugno
SMI
Salone dei servizi per la manutenzione industriale
BOLOGNAFIERE - Bologna - Tel. 051/282111
con il patrocinio del C.N.I.M.

1/3 settembre
Shoestyle
Salone della calzatura
ANCI SERVIZI - Milano - Tel. 02/809721

11/14 settembre
Sana
Salone dell'alimentazione naturale
FIERE E COMUNICAZIONI SRL
Milano - Tel. 02/3494168

16/20 settembre
Europolis
Tecnologie per vivere la città
FEDERLEGNO - ARREDO - Milano - Tel. 02/48015281

29 settembre / 4 ottobre
Cersaie
Salone internazionale della ceramica
per edilizia e dell'arredobagno
EDI.CER SPA - Sassuolo (MO) - Tel. 0536/805900
PROMOS SRL
Funo di Argelato (BO) - Tel. 051/6646000

21/25 ottobre
Saie
Salone internazionale
dell'industrializzazione edilizia
BOLOGNAFIERE   Bologna   Tel. 051/282111

4/8 novembre
Eima
Esposizione internazionale delle
industrie di macchine per l'agricoltura
UNACOMA - Roma - Tel. 06/8419441

18/20 novembre
Lineapelle
Preselezione italiana moda
AREAPELLE - Firenze - Tel. 055/215867

5/13 dicembre
Motor Show
Salone internazionale del motorismo
PROMOTOR SRL - Bologna - Tel. 051/558260

11/15 aprile
Set
Salone dell'elettronica e
dell'automazione nei trasporti
CONSORZIO SIOA - Bologna - Tel. 051/452936

11/15 aprile
Tecnobanca
Tecnologie e servizi per le attività
bancarie, assicurative e finanziarie
CONSORZIO SIOA - Bologna - Tel. 051/452936

24/27 aprile
Cosmoprof
Salone della profumeria e della cosmesi
UNIPRO - Milano - Tel. 02/70631013
SPAZI E MANIFESTAZIONI SRL
Milano - Tel. 02/3494202

6/8 maggio
Lineapelle
Preselezione italiana moda
AREAPELLE - Milano - Tel. 02/801026

A quale o quali manifestazioni partecipa chi si occupa di

1 Agricoltura ....

2 Alimentazione ....

3 Ambiente urbano ....

4 Ceramica ....

5 Editoria ....

6 Finanza ....

7 Informatica ....

8 Medicina ....

9 Moda ....

10 Trasporti ....

Informazione flash
Per telefonare in Italia dalla Gran
Bretagna:

Prefisso internazionale 010 +
prefisso per l'Italia   39 +
prefisso per la zona   (0) 51 (Bologna) +
(senza lo zero initiale)
numero desiderato   ....

Tariffe

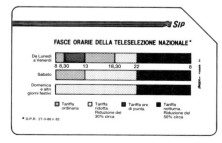

SOCCORSO PUBBLICO DI EMERGENZA	**113**
CARABINIERI PRONTO INTERVENTO	**112**
GUARDIA MEDICA	**33 33 33**
AUTOAMBULANZE:	
AMBULANZA 5	**50 50 50**
BOLOGNA SOCCORSO	**33 33 33**
CROCE ROSSA	**23 45 67**
TELEFONO AMICO	**26 78 91**
POLIZIA DI STATO	**23 33 33**
POLIZIA MUNICIPALE	**27 96 71**
(prenderà il n. **23 59 62**)	
VIGILI DEL FUOCO	**22 22 22**
(prenderà il n. **115**)	
POLIZIA STRADALE	**41 88 57**
SOCCORSO STRADALE ACI ...	**1 16**
RADIOTAXI	**53 41 41**
	37 27 27
GUASTI GAS....................	**25 02 50**
GUASTI LUCE..................	**51 10 00**
GUASTI ACQUA	**25 02 50**

Alcuni numeri utili

Gettone

GETTONE

TELEPHONICO

7609

Action checklist

Before going on to Stage 10 make sure you can:

- *bring a colleague up to date*
  vorrei metterti al corrente di . . .

- *point out advantages*
  sarebbe interessante

- *explore possibilities*
  noi ci impegneremmo
  risolveremmo . . . otterremmo . . .
  si potrebbe . . .

- *compare favourably*
  i confronti sono . . . a suo favore

- *make comparisons*
  pratica tariffe più alte
  è meno caro della

- *express strong criticism*
  è il peggiore di tutti . . ./il gestore
  più inefficiente/. . . è pessimo

- *check programme sequence*
  cominceremo alle . . ./passeremo poi a . . ./
  dopodichè guarderemo . . .

- *express concern about delays*
  non vorrei ritardi

- *take on responsibility for doing something*
  me ne occupo io

- *express concern about equipment*
  non vorrei correre rischi con la fotocopiatrice

10

Una felice conclusione

In Stage 10 you will learn how to:

- **express pleasure**
- **finalise arrangements**
- **discuss methods of payment**
- **develop good working relationships**

BILANCIA ◆
23-9
22-10

La rapidità con la quale riuscirete ad approdare ad alcune importanti decisioni meraviglierà voi stessi.

Prima di tutto

Oroscopo per donne e uomini d' affari verso un futuro pieno di ottimismo.

ARIETE ◆ 20-3/20-4
Piccole delusioni sentimentali non potranno intaccare il vostro ottimismo.

TORO ◆ 21-4/20-5
Per il prossimo viaggio non dimenticate le carte di credito: saranno necessarie.
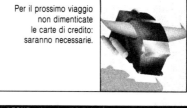

GEMELLI ◆ 21-5/20-6
Un senso di libertà incondizionata vi spingerà ad agire in tutte le direzioni.

CANCRO ◆ 21-6/22-7
Ritroverete la vostra perduta serenità risolvendo da soli vecchi problemi.
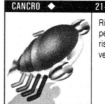

LEONE ◆ 23-7/23-8
Capirete che temporeggiare a volte è necessario per raggiungere le alte vette.

VERGINE ◆ 24-8/22-9
Mantenete le vostre sane abitudini alimentari nei parties e pranzi di lavoro.

SCORPIONE ◆ 23-10/22-11
Sarete tentati di sperimentare le vostre capacità. Attenzione: potreste fallire.

SAGITTARIO ◆ 23-11/21-12
Imparerete che, tal volta, il compromesso è preferibile all'intransigenza.

CAPRICORNO ◆ 22-12/20-1
Il calore degli affetti rigenererà le energie psicofisiche e la creatività.

AQUARIO ◆ 21-1/19-2
Gli astri vi favoriscono: avrete l'opportunità di scegliere piaceri e doveri.

PESCI ◆ 20-2/20-3
Riceverete riconoscimenti gratificanti per la vostra produttiva attività filantropica.

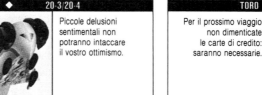

1 Quando è il suo compleanno?

2 Di che segno è?

3 Com'è il suo oroscopo per oggi?

4 Ne è contento/a?

5 Che cosa La spingerà ad agire in tutte le direzioni?

6 A che cosa è preferibile il compromesso?

7 Per che cosa riceverà riconoscimenti gratificanti?

8 Che cosa deve mantenere durante i parties e pranzi di lavoro?

Dialogo 1

Matteo Cerulli e Camilla Gatti si incontrano all'Hotel Europa per concludere l'accordo e verificare gli ultimi dettagli.

 Ascolti e ripeta!

trarranno vantaggi (trarre)*	*will derive benefits*
si sta occupando	*he is taking care of*
dell'impianto luci	*the lighting*
una messa a punto	*finalising details*
avranno bisogno di . . .?	*will they need?*
la gamba destra ingessata	*the right leg in plaster*
mi farò premura (farsi)*	*I will make sure (take care to)*

 Ascolti il dialogo!

Camilla Gatti: La ringrazio della telefonata. Martini mi ha comunicato che la Italsistemi ha accettato la nostra proposta. Ne sono lieta.

Matteo Cerulli: Sono certo che l'Europa e la Italsistemi trarranno entrambi vantaggi da questa collaborazione.

Camilla Gatti: A questo punto, normalmente, il mio collega Martini dovrebbe occuparsi dei dettagli della prenotazione ma abbiamo una sfilata di moda nel cortile e lui si sta occupando dell'impianto luci. Vogliamo procedere a una messa a punto?

Matteo Cerulli: Certo. Posso confermare il numero dei partecipanti che è 41, di cui ventinove arriveranno la sera prima.

Camilla Gatti: Quindi 29 camere come d'accordo. Avranno bisogno di un pasto quando arriveranno?

Matteo Cerulli: Penso di no. Sarà troppo tardi. Vorrei segnalare un piccolo problema: un collega ha avuto un incidente. Ha la gamba destra ingessata e avrà bisogno di una sedia a rotelle: è un problema?

Camilla Gatti: No, affatto! Abbiamo un accesso particolare e rampe per ospiti con problemi di mobilità. Può darmi un'idea di quanti posti auto occorreranno?

Matteo Cerulli: Circa venticinque. Le confermerò il numero esatto al più presto.

Attività _____

A Capisce?

1 Perché è lieta Camilla Gatti?

2 Chi dovrebbe occuparsi della prenotazione?

3 Perché non lo può fare?

4 I partecipanti mangeranno all'Hotel la prima notte?

5 Un collega userà la sedia a rotelle. Perchè?

6 Ci saranno problemi all'Hotel?

 B Ascolti e risponda!

Lei ha avuto un incidente e ha bisogno di una sedia a rotelle. Telefoni all'Albergo del Sole per prenotare una camera adatta. Spieghi la sua situazione.

C Passato, presente o futuro?

1 Martini mi ha comunicato il suo messaggio.

2 La Italsistemi ha accettato la proposta.

3 Entrambi trarranno vantaggi da questa collaborazione.

4 Abbiamo una sfilata di moda nel cortile.

5 Avranno bisogno di un pasto quando arriveranno?

6 Le confermerò il numero esatto al più presto.

Dialogo 2 _____

Si verificano gli ultimi dettagli dell'accordo.

 Ascolti e ripeta!

viene servita (venire)*	*is served*
vengono serviti (servire)*	*are served*
una dieta in bianco	*a fat-free diet*
a semicerchio	*in a semicircle*
sarebbe opportuno (essere)*	*it would be appropriate*
a patto che lo schermo sia . . .	*provided that the screen is . . .*
stia (stare)* tranquillo	*don't worry*

 Ascolti il dialogo!

Camilla Gatti: La colazione viene servita normalmente fra le 12.30 e le 13 ed è preceduta da un aperitivo. I rinfreschi vengono serviti all'inizio,

	quindi alle 9.30 e alle 15.30. In ogni caso nella sala conferenze ci sono succhi di frutta, analcolici e acqua minerale. Per il menù ha richieste particolari?
Matteo Cerulli:	Cinque colleghi sono vegetariani e tre seguono una dieta in bianco.
Camilla Gatti:	Bene. Passiamo ora alla sala Raffaello. Per la disposizione dei tavoli e sedie, quali sono le sue preferenze?
Matteo Cerulli:	Inizialmente sarebbe opportuno disporre le sedie a semicerchio. Dopo il rinfresco del pomeriggio sarebbe meglio creare sei gruppi di lavoro.
Camilla Gatti:	Se non sbaglio Lei non ha richiesto attrezzature o servizi opzionali. Il proiettore e la lavagna luminosa e la TV video sono sufficienti?
Matteo Cerulli:	Sì, a patto che lo schermo sia chiaramente visibile a tutti i partecipanti.
Camilla Gatti:	Sì, stia tranquillo, lo schermo è molto grande e l'audio è eccellente.

Attività

A   Vero o falso?

1 L'aperitivo viene servito ai partecipanti all'arrivo

2 Il menù della colazione è unico per tutti

3 Ci saranno bibite nella sala conferenze

4 La disposizione dei tavoli viene cambiata sei volte

5 La lavagna luminosa è un servizio opzionale

B   Ora tocca a Lei!

Con un(a) collega verifichi gli ultimi dettagli della presentazione:

- colazioni?
- disposizione tavoli e sedie?
- gruppi di discussione?
- rinfreschi?
- schermo TV?
- attrezzature opzionali?

Per comunicare bene

Due modi di dire la stessa cosa

La colazione *viene* servit*a*	La colazione *e'* servit*a*
I rinfreschi *vengono* servit*i*	I rinfreschi *sono* servit*i*

C   Colleghi le due colonne.

a)	le sedie	**1**	viene messa in tutte le sale
b)	gli analcolici	**2**	vengono fatturati a parte
c)	il proiettore	**3**	vengono sistemate a semicerchio
d)	I servizi opzionali	**4**	vengono invitati al rinfresco
e)	la fotocopiatrice	**5**	vengono serviti freddi
f)	l'acqua minerale	**6**	viene riparata oggi
g)	i gruppi di lavoro	**7**	viene messo su un carrello
h)	i partecipanti	**8**	vengono sistemati nel pomeriggio

D   **Capisce?**

Come molti altri alberghi e organizzazioni, anche l'Hotel Europa ha un servizio di Videotel.
Esamini la pubblicità di questo servizio e completi le informazioni.

Servizio
interattivo

interact

1 Il Videotel è ....

2 Il noleggio costa .... al mese.

3 Chi ha il .... può usare il Videotel.

4 Con il Videotel è possibile ottenere .... di informazioni.

5 Si può ottenere il Videotel presso ....

6 Si può usare il Videotel per trovare ...., fare ...., ... nuovi amici, ... ristoranti.

7 Il Videotel è .... da usare, meraviglioso ....

Dialogo 3

Si discute l'aspetto finanziario.

Ascolti e ripeta!

abbiamo discusso	*we have discussed*
come ci regoliamo?	*how do we settle up?*
inclusi gli extra	*extras included*
qualche malinteso	*some misundertanding*
un eventuale rimborso	*a possible refund*
trimestrali	*three monthly*

Ascolti il dialogo!

Camilla Gatti: Abbiamo discusso tutto nei minimi dettagli, mi sembra. Non resta che la questione della fattura: come ci regoliamo?

Matteo Cerulli: La nostra Sezione Contabilità preferisce due fatture separate: una per tutto quello che riguarda la presentazione e una per tutto quello che riguarda i pernottamenti.

Camilla Gatti: Inclusi gli extra come telefono, servizi, consumazioni?

Matteo Cerulli: Questa è una faccenda delicata, che nel passato ha creato qualche malinteso con il personale. Ora chiediamo ai colleghi di regolare gli extra personalmente e poi il capo sezione usa certi criteri per un eventuale rimborso.

Camilla Gatti: Capisco. E a chi si indirizza la fattura?

Matteo Cerulli: Al ragioniere Fracchi della Sezione Contabilità alla sede centrale. Dopo questa prima fattura, che noi regoleremo entro 15 giorni, vorrei proporre un pagamento a scadenze fisse, diciamo trimestrali.

Camilla Gatti: Questo semplificherebbe la contabilità per entrambi.

Attività

A Capisce?

1 La Sezione Contabilità della Italsistemi preferisce due fatture. Come?

2 Perché gli extra non saranno inclusi nella fattura?

3 Normalmente dove si manda la fattura?

4 La Italsistemi regolerà tutte le fatture entro 15 giorni?

B Capisce?

Ecco una fattura della Italsistemi. Studi la fattura e risponda alle domande!

Tabella della fattura Fattura n. 76 del 22 settembre	
Importo della merce	40 000 000
Sconto 10%	−4 000 000
	36 000 000
Trasporto	1 250 000
Imponibile	37 250 000
Iva 19%	7 077 500
Totale da pagare	44 327 500

1 Quanto costa la merce?

2 Ci sono altri importi?

3 Qual'è la somma imponibile?

4 Spieghi la differenza fra l'importo della merce e la somma imponibile.

5 Qual'è l'equivalente dell'Iva in inglese?

6 Il totale da pagare, quant'è?

C Capisce?

Ecco una fattura dell'Hotel Europa relativa ad un gruppo di clienti britannici in visita alla fiera di Bologna. Legga la fattura e risponda alle domande!

1 Quanto costa una camera singola con pensione completa per una notte?

2 Quanto costa una camera doppia con mezza pensione per due persone per una notte?

HOTEL EUROPA

40122 Bologna
via Zecca, 20
Tel: 051/466165
Fax: 051/321914

Fattura N. 192 del 30.03.92

Importo servizi	4 185 000
Iva 9%	376 650
Totale fattura	4 561 650

Spett. le Sulis Antiques
dal 21.03.92 al 27.03.92 incl. in camera singola – 7 giorni
L. 95 000 × 3 giorni in pensione completa = L. 285 000
L. 85 000 × 4 giorni in mezza pensione = L. 340 000   L. 625 000

Sig.na Bashir, Nadia
dal 22.03.92 al 28.03.92 incl. in camera singola – 7 giorni
L. 95 000 × 3 giorni in pensione completa = L. 285 000
L. 85 000 × 4 giorni in mezza pensione = L. 340 000   L. 625 000

Sig. Crowden, Simon
dal 22.03.92 al 28.03.92 incl. in camera singola – 7 giorni
L. 95 000 × 4 giorni in pensione completa = L. 380 000
L. 85 000 × 3 giorni in mezza pensione = L. 255 000   L. 635 000

Sig. Giles-Wilson, Adam
dal 21.03.92 al 27.03.92 incl. in camera singola – 7 giorni
L. 85 000 × 7 giorni in mezza pensione = L. 595 000   L. 595 000

Sig.na Jefferis, Leigh
dal 21.03.92 al 27.03.92 incl. in camera singola – 7 giorni
L. 95 000 × 2 giorni in pensione completa = L. 190 000
L. 85 000 × 5 giorni in mezza pensione = L. 425 000   L. 615 000

Sig.ri Thouless, Matthew e Marie
dal 21.03.92 al 27.03.92 incl. in camera doppia – 7 giorni
L. 85 000 × 2 pers × 2 giorni in pens. compl. = L. 340 000
L. 75 000 × 2 pers × 5 giorni in mezza pens. = L. 750 000   L. 1 090 000

SUB-TOTALE	L. 4 185 000
Iva 9%	376 650
Totale Fattura	L. 4 561 650

Ricevuta Fiscale N.   23138/51 + 23148/51 + 232113

3 Perché il signor Giles-Wilson ha pagato meno del signor Crowden per 7 giorni?

4 Qual'è la differenza fra l'Iva sulla merce e l'Iva sui servizi?

 D   Ascolti e completi!

Un amico Le dà alcuni consigli sul saper vivere italiano. Che cosa Le dice?

Puntualità	Fiori	Mancia	Opite d'onore	Particolarità

E   Ora tocca a Lei

Quali consigli darebbe ad un/a collega sul saper vivere britannico?

Dialogo 4

Camilla Gatti ha invitato Matteo Cerulli a colazione per celebrare il felice esito delle trattative. Il pasto sta per terminare.

Ascolti e ripeta!

complimenti!	*my compliments!*
stazioni sciistiche e termali	*skiing and spa resorts*
lavoravo in proprio	*I used to run my own business*
uno studio di consulenza	*a consultancy business*
un posto di docente	*a teaching post*
eccomi qua!	*here I am!*
stiamo per traslocare	*we are about to move*
mi faccia sapere	*let me know*

Ascolti il dialogo!

Matteo Cerulli:	Complimenti! La cucina è eccellente qui all'Europa.
Camilla Gatti:	Facciamo del nostro meglio. Guardi quel gruppo laggiù: prenotano tutti i ricevimenti di matrimonio e altre occasioni familiari dal 1979!
Matteo Cerulli:	E Lei, da quanto tempo gestisce l' Hotel Europa, dottoressa?
Camilla Gatti:	Da circa quattro anni. Ma ho sempre lavorato nel settore alberghiero: per una catena di motel negli Stati Uniti subito dopo la laurea e poi in Europa in varie stazioni sciistiche e termali. Dopo sono arrivati i bambini . . . E Lei, dottore, da quanto tempo è alla Italsistemi?
Matteo Cerulli:	Dal 1987. Prima lavoravo in proprio: avevo uno studio di consulenza di import-export a Livorno ma mia moglie ha ottenuto un posto di docente qui e allo stesso tempo la Italsistemi cercava un direttore vendite, quindi eccomi qua!
Camilla Gatti:	Lei viaggia molto per lavoro?
Matteo Cerulli:	In Italia, sì. Visito le filiali regolarmente, soprattutto quella di Brescia dove stiamo per traslocare gli uffici in un nuovo palazzo. Ma ora devo andare. La ringrazio per l'ospitalità e spero di vederLa il 3 ottobre.
Camilla Gatti:	E' un piacere. Mi faccia sapere se possiamo esserLe di aiuto nel frattempo.
Matteo Cerulli:	Senz'altro. Sono sicuro che con la sua esperienza siamo in buone mani. ArrivederLa dottoressa.
Camilla Gatti:	ArrivederLa in ottobre, dottore.

Attività

A **Vero o falso?**

1 Matteo Cerulli ha apprezzato la colazione

2 L'Hotel Europa ha clienti affezionati

3 Camilla Gatti gestisce l'Hotel dal 1970

4 . . . e ha una lunga esperienza del settore alberghiero

5 Matteo Cerulli lavorava per uno studio di consulenza

6 . . . e ha lasciato Livorno per seguire la moglie

7 Ora Matteo Cerulli vorrebbe trasferirsi a Brescia

Per comunicare bene

Adesso Matteo *lavora* per la italsistemi, ma *prima lavorava* in proprio.

B Ascolti!

Durante una riunione per celebrare il compleanno di Luca
Martini all'Hotel Europa, i colleghi parlano delle loro
esperienze di lavoro precedenti. Che cosa dicono?

Prima di lavorare all'Europa...	Martino	Enrica	Luisa	Luca
Lavoravo come...				
Lavoravo per...				
Lavoravo a...				
Amavo il mio lavoro				
Detestavo il mio lavoro				
Avevo più soddisfazioni				
Avevo meno soddisfazioni				
Ero più in forma				
Ero meno in forma				
Avevo preoccupazioni finanziarie				
Non avevo preoccupazioni familiari				

C Ora tocca a Lei!

Immagini con un(a) collega la vita di questi personaggi e
cerchi di indovinare come è cambiata la loro vita.

Prima

Adesso

Prima

Adesso

E ora, come è cambiata la sua vita?

Prima

Adesso

FATTURA
REGOLIAMO
CONTABILITA
INCLUSI
EXTRA
REGOLARE
DIRETTORE
FINANZE
CRITERI
RIMBORSO
REGOLEREMO
ENTRO
PAGAMENTO
TRIMESTRALI

```
N C L N F X O U E R O T T E R I D P E K
X N P I D R A M U P A G A M E N T O Z G
M P U K N P E H K C P B H L F F Q G G W
I Z D X E B V F Z K K J Y B C R Y Z U Q
Y D Q G X M A N J U J Z R C V V H I V D
V L T X T Z J D Y O H E R A J R B V M D
J U Y K R W Y P E Q G I R E Q G F J B E
M C A C A X T F S O M U Z H F K V H B R
Y H M I Z O L V L B T N I S U L C N I C
R Y M O O C M E O T A B G W M R C L O T
X E I Q X U R R A N D F X O E R R N W P
S P G G H E S F I O N X U G I F T Q X M
J E H O M O X F R L Q Y O T A A L C V K
H T Z O L V F H Q T N L E W B R Y Z D A
U H S G D A C Y S F I R P I F A E O R T
F P K U F P R N M A I T L V M L O M T D
D G Y A B N M E M F N I R D I T Z Y U E
G J I Y M M O O M F T R G X G K O P W R
E D O R T N E H W A E V Y V O F N I S E
T R I M E S T R A L I B E V V E U I R F
```

●●●

Italia oggi

L' Italia del 2000 _____

La popolazione

Cosa ne dice la demografia?
Ogni anno nascono in Italia circa 600 000
bambini.
Dagli anni 50 le nascite sono diminuite
gradualmente e secondo recenti studi
demografici, la popolazione italiana nel 2000
sarà meno giovane . . .

. . . ma in compenso, gli Italiani vivranno più a
lungo

employment

Le occupazioni del futuro

Quali saranno le occupazioni più richieste nel
futuro?

AGRONICO

GERONTOLOGO

GUARDIA
GEOLOGICA

ISTRUTTORE DI
BRICOLAGE.

La rivoluzione informatica

Come cambierà il nostro modo di
lavorare? E il nostro tempo libero?

Sotto sotto,
anche il fax

Sono già in vendita i
primi computer in grado
di essere utilizzati come
fax o come fotocopiatrici.

**Lavorare
a distanza**

Più persone di una stessa
azienda si parlano, e si
guardano, attraverso
finestre che si aprono
sullo schermo.

**Pronto,
chi video?**

Il videotelefono sarà una
funzione del computer?
Gli informatici dicono di
sì. Ma le aziende
telefoniche...

**Strano,
ma finto**

Realtà virtuale, definita
l'Lsd del 2000: ci si
immerge all'interno di
mondi immaginari,
sensazioni comprese.

**Segretaria
tuttofare**

E' l'obiettivo finale,
dichiarato, della Apple:
un computer-segretaria
che seleziona telefonate,
appuntamenti...

●●●

Action checklist

*Before you move on to a more advanced stage make
sure you can:*

- *express pleasure about something*
  ne sono lieta

- *express certainty*
  sono certo che . . .

- *finalise details*
  vogliamo procedere a una messa a punto?

- *confirm*
  posso confermare

- *invite client to make rough estimate*
  può darmi un'idea di . . .

- *undertake to do something*
  mi farò premura di . . .

- *ask about preferences*
  quali sono le sue preferenze?

- *accept conditionally*
  sì, a patto che . . .

- *enquire about mode of payment*
  come ci regoliamo?

- *express admiration*
  complimenti!

- *talk about an imminent action*
  stiamo per . . .

- *offer further assistance*
  mi faccia sapere se possiamo esserLe di aiuto

- *express confidence in the service*
  siamo in buone mani

A tutti gli utenti di questo libro cordiali auguri per lo studio, il lavoro e la vita personale!
Le autrici.

Key phrases

Numbers in brackets indicate the chapter in which the phrase first appears.

Phrases marked by an asterisk are not included in the text.

1 Socializing

Introductions

Introducing oneself

Mi presento (2)	*May I introduce myself . . .*
Mi chiamo Matteo Cerulli (1)	*My name is Matteo Cerulli*
Sono Simonetta Giorgi (1)	*I am Simonetta Giorgi*
Sono l'ingegner Pinelli (2)	*I am Ing. Pinelli*
Lavoro per la Italsistemi (1)	*I work for Italsistemi*
Anch'io lavoro per la Italsistemi (1)	*I too work for Italsistemi*
Lavoro all'Hotel Europa	*I work at the Hotel Europa*

Stating your position or what job you do

Sono segretaria di direzione (1)	*I am P.A. to the director*
Mi occupo di vendite in Italia (1)	*I deal with sales in Italy*
Sono centralinista (1)	*I am a switchboard operator*
Mi occupo della gestione dell'albergo (1)	*I am the hotel manager*

Introducing someone else

Le presento la mia segretaria (2)	*May I introduce my assistant*
Questo è Luca Martini. Si occupa delle prenotazioni (2)	*This is Luca Martini. He deals with the bookings.*

Responding to introductions

Molto lieta!/Molto lieto! (2)	*Delighted to meet you*
Piacere! (2)	*How do you do?*

Courtesies and small talk

Making initial contact

Ciao, come va? (2)	*Hi, how's things?*
Buongiorno, ingegner Pinelli. Come sta? (2)	*Good day, Ing. Pinelli. How are you?*
Desidera? (2)	*Can I help you?*
Il suo nome, prego? (2)	*May I have your name, please?*
Caro Cerulli! (6)	*My dear Cerulli!*

Courtesies

Scusa, Matteo . . . (1)	*Excuse me, Matteo . . .*
Vuole accomodarsi in poltrona? (2)	*Would you like to take a seat in the armchair? (sing)*
Volete accomodarvi nel mio ufficio? (2)	*Would you like to come through to my office? (pl)*
Gradite qualcosa da bere? (2)	*Would you like something to drink? (pl)*
La ringrazio, dottoressa (1)	*Thank you, Dottoressa*
Grazie (2)	*Thank you*
Prego (2)	*Don't mention it. Go ahead*
E' un piacere (10)	*It is a pleasure*
Le spiace se fumo? (2)*	*Do you mind if I smoke?*
No grazie, non fumo (2)*	*No thank you, I do not smoke.*
La ringrazio per l'ospitalità (10)	*Thank you for the hospitality*
La ringrazio della telefonata (10)	*Thank you for your call*

Making small talk

Qui che novità ci sono? (6)	*What news is there?*
La famiglia, come va? (6)	*How is the family?*
Beato te! (6)	*Lucky you!*
Vuole lasciare qui l'ombrello? (6)	*Would you like to leave your umbrella here?*
Sempre molto occupata? (6)	*Busy as usual?*
Hai ancora la tua bella Alfa Romeo? (6)	*Have you still got your nice Alfa Romeo?*
E la tua ditta . . . come va? (6)	*And how is business?*
Hai passato un buon finesettimana? (7)	*Did you have a good weekend?*
Tu hai visto la partita domenica? (7)	*Did you watch the match on Sunday?*
eccomi qua! (10)	*Here I am!*
E Lei, da quando tempo gestisce l'Hotel, dottoressa? (10)	*How long have you been managing the Hotel, Dottoressa?*
Lei viaggia molto per lavoro? (10)	*Do you travel a lot in your job?*
E' un piacere (10)	*It is a pleasure*

Taking leave

ArrivederLa	*Good bye*
Purtroppo devo congedarmi ora (10)	*I am afraid I have to leave now*
Spero di vederLa il 3 ottobre (10)	*I hope to see you on the 3rd of October*
ArrivederLa in ottobre (10)	*I shall see you in October*
Andiamo a salutare? (4)	*Shall we go and say good bye?*

Eating out _____

Ho prenotato un tavolo per due (6)	*I have booked a table for two.*
Cosa pensi del menù? (6)	*What do you think of the menu?*
Prenda il pollo (6)	*Have the chicken*
Mi dispiace, sono a dieta (6)	*I am sorry, I am following a diet*
Niente grassi, niente fritti (6)	*No fats, no fried food*
E tu cosa prendi? (6)	*What will you have?*
Come primo . . . (6)	*As a first course . . .*
Vediamo la lista dei vini (6)	*Let's see the wine list*
Complimenti! La cucina è eccellente . . . (10)	*My compliments! The cuisine is excellent*

2   Meetings _____

Procedure _____

Ecco l'ordine del giorno (7)	*Here is the agenda*
Si può cominciare? (7)	*Shall we begin?*
Cosa c'è nell'ordine del giorno? (7)	*What is on the agenda?*
Non si può discutere il primo punto senza l'ing. Bordone (7)	*We cannot discuss the first item in the absence of Ing. Bordone*
Propongo di cominciare con . . . (7)	*I suggest beginning with . . .*
A che punto siamo? (7)	*Where are we at?*
Propongo di rimandare la faccenda (7)	*I suggest postponing the matter*
Se non c'è altro da discutere, propongo di chiudere la riunione (7)	*If there is nothing else to discuss, I suggest closing the meeting*
L'ordine del giorno per lunedì . . . (7)	*The agenda for Monday . . .*
Vogliamo procedere a . . . (10)	*Shall we proceed to . . .*
Vorrei segnalare una cosa (7)	*I would like to raise something*

Eliciting information _____

Sei libero? (1)	*Are you free?*
Avete un dépliant? (1)	*Have you got a brochure?*
Conosci l'Hotel Europa? (1)	*Do you know the Hotel Europa?*
Quando esattamente? (1)	*When exactly?*
Chi sono i partecipanti? (3)	*Who are the participants?*
Ci sono problemi di parcheggio? (4)	*Are there any parking problems?*
Hai fissato un appuntamento? (6)	*Have you made an appointment?*
Come sistemate il personale . . . ? (8)	*What arrangements do you make for the staff?*

Asking for opinion and intentions

Cosa ne pensate? (7)	*What do you think of it?*
Cosa ne pensi? (4)	*What do you think of it?*
Non pensi? (4)	*Don't you think?*
Cosa ne pensa Bernardo? (5)	*What does Bernardo think about it?*
Cosa pensi di fare? (5)	*What do you think of doing?*
Cosa fai adesso? (6)	*What are you doing now?*
Mi dica (4)	*Tell me*
Sei soddisfatto dell'ultima consegna? (6)	*Are you pleased about the last delivery?*
Secondo Bernardo (5)	*According to Bernardo*
Secondo te (9)	*In your opinion*
E' un problema? (10)	*Is it a problem?*

Providing opinions

Mi sembra interessante (1)	*It seems interesting to me*
La prima impressione è certamente buona (4)	*The first impression is certainly good*
E' un ottimo posto (4)	*It is a very good place*
No, affatto! (10)	*Not at all!*
Secondo me . . . (7)	*In my opinion . . .*
Penso di no (10)	*I do not think so*

Negotiations

Agreeing

E' una buona idea! (1)	*It is a good idea!*
Molto bene (1)	*Very well*
Naturalmente (1)	*Of course*
Sono d'accordo (4)	*I agree*
Giustamente (6)	*Quite rightly so*
D'accordo (1)	*Agreed/OK*
Basta, mi hai convinto! (9)	*That's enough, you have persuaded me!*

Expressing doubt and reservations

Ho solo un piccolo dubbio (4)	*I just have a little doubt*
Dipende da . . . (4)	*It depends on . . .*
Può darsi, ma non ne sono convinto (7)	*Be that as it may, I am not convinced*
La sala Raffaello mi sembra piuttosto costosa (7)	*The Raffaello room seems to me rather expensive*
Devo ammettere che . . . (7)	*I must admit that . . .*
Anch'io sono sorpreso dalle tariffe (7)	*I am surprised by the tariffs too*

Dealing with a complaint

Purtroppo i tempi di consegna . . . (6)	*Unfortunately the delivery times . . .*
Ci sono state difficoltà per noi (6)	*We had some difficulties*
Capisco (6)	*I understand*
Chiedo scusa (6)	*I apologise*
Ti assicuro che . . . (6)	*I assure you that . . .*
Mi fa piacere (6)	*I am glad to hear it*

Explaining one's position

Come Lei sa . . . (6)	*as you know . . .*
Vorrei farLe notare . . . (8)	*I would like you to note . . .*
è in fase di espansione (8)	*is in a period of expansion*
Come può capire . . . (8)	*as you can understand . . .*
Le confesso che . . . (8)	*I must confess that . . .*
Devo riconoscere che . . . ma . . . (8)	*I must recognise that . . . however . . .*
E' una proposta interessante ma . . . (8)	*It is an interesting proposal, however . . .*

Making concessions

Riconoscendo il nostro errore (8)	*Accepting our mistake*
Si troverà un accordo (8)	*An agreement will be found*
Vorrei farLe una proposta (8)	*I would like to put a proposal to you*
Siamo disposti a . . . (8)	*We are prepared to . . .*
Per mostrare la nostra buona volontà (8)	*To show our good will*
Noi concederemo uno sconto (8)	*We shall offer a discount*
praticheremo la tariffa preferenziale (8)	*We shall apply the preferential tariff*

Clarifying a point

Vero? (5)	*Don't you? (also doesn't he, isn't it etc.)*
Se non sbaglio (10)	*If I am not mistaken*

Offering reassurance

Stia tranquillo (10)	*Do not worry*
Capisco (6)	*I understand*
In ogni caso (10)	*In any case*
Senz'altro (10)	*Without any doubt*

Establishing conditions

A sua volta la Italsistemi si impegna a . . . (8)	*In return Italsistemi undertakes to . . .*
Se però Lei praticasse . . . (8)	*If you, however, were to effect . . .*
Si, a patto che . . . (10)	*Yes, provided that . . .*

Expressing satisfaction

Fanno veramente del loro meglio (4)	*They really do their best*
Una soluzione soddisfacente (8)	*A satisfactory outcome*
Siamo in buone mani (9)	*We are in good hands*
Ne sono lieta (10)	*I am pleased about it*
E' un piacere (10)	*It is a pleasure*

4 Telephoning

Making contact

Hotel Europa, buongiorno/ buonasera (1)	*Hotel Europa, good day/good afternoon*
Desidera? (1)	*Can I help you?*
Vorrei parlare con . . . per cortesia (1)	*I'd like to speak to . . . please*
Può passarmi l'interno 315, per favore?*	*Can you put me through to extension 315, please?*

Identifying yourself

Sono Simonetta Giorgi della Italsistemi (1)	*My name is . . . from . . .*
Le telefono da parte del direttore commerciale . . . il dottor Cerulli (1)	*I am ringing on behalf of the Sales Director, Dr Cerulli*
Sono Martini dell'Hotel Europa (5)	*I am Martini from the Hotel Europa*
Sono la segretaria del direttore*	*I am personal assistant to the Director*

Sorting things out

Un momento, per favore (1)	*One moment, please*
Resti in linea (1)	*Hold the line*
Ecco la dottoressa Gatti (1)	*Dott. Gatti is on the line*
Ecco la Italtek in linea (5)	*Italtek is on the line*
Lei mi telefona a proposito di . . . (5)	*You are ringing me about . . .*
Mi dispiace, il signor Sella non è disponibile oggi.*	*I am sorry, Mr Sella is not available today.*

Quando posso ritelefonare?*	*When can I ring back?*
Ritornerà più tardi*	*Will be back later*
Mi dispiace, non risponde nessuno*	*I am sorry, there is no answer*
Chi parla?*	*Who's calling?*
Vorrei lasciare un messaggio per . . .*	*I'd like to leave a message for . . .*
Per favore, dica al dottore di richiamarmi*	*Please tell . . . to call me back*
Urgentemente*	*Urgently*
Prima delle 12	*Before 12*

Ringing off

La ringrazio, dottoressa (1)	*Thank you, Dottoressa*
ArrivederLa (1)	*Good bye*
Mi metto in contatto con Lei (5)	*I (will) contact you*
Appena possibile*	*As soon as possible*
Alla fine del mese*	*At the end of the month*

Grammar

Introduction

1 Pronunciation and spelling

There are few problems with pronunciation in Italian but there are certain things of which you should be aware:

'*ch*' is always pronounced 'k' eg maccheroni and never 'ch' as in the English 'check';
'*ce*' and '*ci*', however, are pronounced like the English 'ch' eg *cinema, Cerulli*;
'*sca*', '*sco*', '*scu*' and '*sch*' are pronounced as in English 'school' eg *scala* (stairway), *schermo* (screen) but '*sce*' and '*sci*' are pronounced as 'sh' in the English 'sheet' eg '*conosce*' (you know), '*sci*' (skiing);
'*gh*' is always pronounced like the English 'g' in 'good' eg *ghetto* whereas '*ge*' and '*gi*' are pronounced like the English 'j' eg *Genova, Giorgi*.

Nouns

2 Gender of nouns

In Italian all nouns are either masculine or feminine, singular or plural.
In some cases it is easy to tell what gender a noun is and whether it is singular or plural because there are clues in the last letter of the noun.

	singular endings	plural endings
masculine	libro	libri
feminine	sala	sale

Sometimes it is more difficult:–

masculine	settore	settori
feminine	opinione	opinioni

In the latter case, as with exceptions to the general rule eg *il sistema* which looks feminine but is in fact masculine, you just have to learn the gender of the nouns.

NOTE Look at section 1 on pronunciation and spelling. Sometimes it will be necessary to change the spelling of a noun in the plural to safeguard the sound of the letters 'c' and 'g'.

alberGO   **alberGHI**   **amiCA**   **amiCHE**

The 'h' is introduced to keep the sound of the 'g' and 'c' hard. However, this does not always happen which means that the pronunciation changes.

amiCO   **amiCI**

Articles

3 The indefinite article ('a' or 'an')

This varies according to certain criteria:

un: is used with a masculine noun beginning with a consonant — eg **un** libro

un: is used with a masculine noun beginning with a vowel — eg **un** amico

uno: is used with a masculine noun beginning with 's' plus another consonant, and with 'z', 'ps', 'gn' — eg **uno** studio, **uno** zoo — eg **uno** psicologo, **uno** gnu

una: is used with a feminine noun beginning with a consonant — eg **una** conferenza

un': is used with a feminine noun beginning with a vowel — eg **un'**amica

4 The definite article (the)

This, too, varies according to certain criteria:

		singular	plural
il	is used with a masculine noun beginning with a consonant	il libro	**i** libri
l'	is used with a masculine noun beginning with a vowel	l'amico	**gli** amici
lo	is used with a masculine noun beginning with 's' plus another consonant, and with 'z', 'ps', 'gn'	lo studio	**gli** studi
la	is used with a feminine noun beginning with a consonant	la conferenze	**le** conferen:
l'	is used with a feminine noun beginning with a vowel	l'amica	**le** amiche

Remember to use the definite article with titles when you are talking about people but not when you are actually addressing them,

eg   Vorrei parlare con il dottor Cerulli
I would like to speak with (the) Doctor Cerulli

BUT   Buongiorno, Dottor Cerulli.
Good morning, Doctor Cerulli.

NOTE   In the text, you will find *la Italsistemi* which appears not to follow the rule. In fact, it is short for *la società Italsistemi* (the Italsistemi Company). See also *la Olivetti, la Italtek*.

Prepositions

Prepositions are those little words that show the relationship between nouns (see GS 2) and pronouns (see GS 20). As you will see, they can have a very important role to play.

5   How to say 'to the', 'of the', 'from the', 'on the', 'in the'

The words for 'to' (*a*), 'of' (*di*), 'from' (*da*), 'on' (*su*) and 'in' (*in*) change according to the definite article used (see GS 4).

		singular					plural	
		masculine			feminine		masculine	feminine
+	il	l'	lo	la	l'	i	gli	le
a	al	all'	allo	alla	all'	ai	agli	alle
di	del	dell'	dello	della	dell'	dei	degli	delle
da	dal	dall'	dallo	dalla	dall'	dai	dagli	dalle
su	sul	sull'	sullo	sulla	sull'	sui	sugli	sulle
in	nel	nell'	nello	nella	nell'	nei	negli	nelle

When you wish to use 'to', 'of', 'from', 'on' and 'in' on their own without the definite article, there is usually no problem but remember that there are many idiomatic expressions which you should learn.

6   Uses of '*a*'

sono a Bologna	*I am **in** Bologna*
vado a Milano	*I am going **to** Milan*
arriverò a Parma	*I'll arrive **at** Parma*
alle otto	***at** eight o'clock*
alla sera	***in** the evening*
a destra, a sinistra	***on** the right, **on** the left*

7   Uses of '*da*'

da Roma	***from** Rome*
da Matteo	***to** Matteo's house*
lavoro qui da cinque anni	*I have been working here **for** 5 years*
una moneta da 200	*a 200 lire coin*
un francobollo da 2000	*a 2000 lire stamp*
una pila da due volt	*a 2 volt battery*
è da confermare	*it is **to be** confirmed*
che cosa c'è da mangiare?	*what is there **to** eat?*

una sala conferenze da sessanta posti	*a conference room **with** 60 places*
da solo	***on** one's own*
da bambino	***as** a child, when I was a child*
una tazza da caffè	*a coffee cup (and not a cup of coffee)*
un abito da uomo	*a man's suit*
dipende dal tipo	*it depends **on** the type*
da quanto tempo?	***for** how long**

NOTE 1   In Italian, you would not say 'How long have you been operating in the conference sector' but 'Since how long are you operating in the conference sector?' *Da quanto tempo opera nel settore congressi?*

NOTE 2   When you give the year in which something happened eg 'since 1989' *dal 1989*.

8   Uses of *'in'*

vado in Italia	*I am going **to** Italy*
sono in Inghilterra	*I am **in** England*
in centro	***in** the centre (of town)*
vado in banca, in ufficio	*I am going **to** the bank, **to** the office*
in macchina, in aereo	***by** car, **by** plane etc*
in vacanza, in orario	***on** holiday, **on** time*
in ritardo	*late*
in primavera, in autunno	***in** Spring, **in** Autumn*
BUT fra due ore	*in two hours' time*

9   Uses of *'di'*

di dove sei?	*where are you **from**?*
d'estate, d'inverno	***in** Summer, **in** Winter*
Luca è più grande di Matteo	*Luca is taller **than** Matteo*
è un'azienda di fiducia	*it is a reliable firm*
problemi di parcheggio	*parking problems*

10   How to say 'some', 'any'

You can use the forms of *'di'* + the definite article as in Section 4 above to express 'some' or 'any',

eg   avete delle camere libere – *have you any vacant rooms?*
vorrei fare delle fotocopie – *I would like to do some photocopies.*

However, if you wish to specify 'some' as opposed to 'all', you would use 'alcuni' or 'qualche'.

eg   alcuni partecipanti arriveranno più tardi – *some participants will be arriving later*
or: qualche participante arriverà più tardi – this has an identical meaning but 'qualche' is always singular

Adjectives

Adjectives are the words we use to describe people and things

11 How to describe people or things

In Italian adjectives change their endings to agree with the nouns they describe in gender (masculine or feminine) and number (singular or plural). They are always listed in the dictionary in the masculine singular form.

There are two basic types of adjectives, those which have four forms eg *moderno*.

	singular	plural	
masculine ending	o	i	moderno – moderni
feminine ending	a	e	moderna – moderne

and those which have two forms eg *importante*.

masculine and feminine endings	e	i	importante – importanti

So, a modern hotel is *un albergo moderno*; an important meeting is *una riunione importante*.

NOTE 1 Look at the section on pronunciation and spelling (GS 1). You will find that some adjectives are spelt with an 'h' in the plural in order to maintain the hard sound of 'c' or 'g'. eg *pratica, pratiche*.
There are other cases in which this does not happen and so the pronunciation has to change to accommodate the soft 'c' or 'g'. eg *pratico, pratici*.

NOTE 2 Just a few adjectives have one form only. eg *blu, viola, rosa*.

NOTE 3 Some adjectives have several forms following the pattern of the definite article. eg *bello, quello*.

un bel palazzo	dei bei palazzi
un bell'albergo	dei begli alberghi
un bello studio	dei begli studi
una bella camera	delle belle camere
una bell'azienda	delle belle aziende

NOTE 4 *Buono, grande* and *santo* do not change before 's' + a consonant, 'z', 'ps' and 'gn', but are shortened to *buon, grand'* and *sant'* before a vowel and to *buon, gran* and *san* before masculine singular nouns beginning with any other consonant, eg *un buon prezzo; un grande studio; Sant'Antonio*.

NOTE 5 In most cases, the adjective follows the noun it describes but *bello, piccolo, grande* and *buono* can also precede it. In one or two cases, there is a marked change of meaning depending on the position.

eg	la donna stessa	*the woman herself*
	la stessa donna	*the same woman*

12 How to use *'tutto'* meaning 'the whole', 'all' or 'every'

tutto il giorno	*all day*
tutti i giorni	*every day*
tutta la conferenza	*the whole conference*
tutte le camere	*all the rooms*

NOTE 1 *Tutto* can be used on its own to mean everything.

Tutto è a posto	*Everything is in order*

NOTE 2 *Tutti* can be used to mean everybody and is plural in Italian.

Tutti vengono stasera	*Everybody is coming this evening*

13 How to say 'this' and 'that'

Questo means 'this' and is a four form adjective as seen in GS 11 above.
Quello means 'that' and follows the pattern of *bello* as seen in GS 11.

quel numero	quei numeri
quell'ufficio	quegli uffici
quello scaffale	quegli scaffali
quella persona	quelle persone
quell'agenda	quelle agende

14 How to say 'my', 'your', 'his', 'her', 'our' and 'their'

The words for 'my', 'your', 'his' etc are adjectives and therefore agree with the noun they describe. This could cause some confusion at times because for example, *il suo libro* can mean 'his book' or 'her book' or even 'your book'. It is, therefore, very important to understand the context in which it is being said.

		singular	**plural**
my	**masculine**	il mio libro	i miei libri
	feminine	la mia macchina	le mie macchine
your	**masculine**	il tuo preventivo	i tuoi preventivi
informal	**feminine**	la tua agenzia	le tue agenzie
your	**masculine**	il suo direttore	i suoi direttori
formal/his/	**feminine**	la sua opinione	le sue opinione
her			
our	**masculine**	il nostro bar	i nostri bar
	feminine	la nostra sala	le nostre sale
your	**masculine**	il loro ristorante	i loro ristoranti
plural	**feminine**	la loro famiglia	le loro famiglie

NOTE 1 *il mio, la tua* etc can be used on their own to mean 'mine', 'your' etc.

NOTE 2 When referring to a single member of the family eg 'my husband', *mio marito* or 'my wife', *mia moglie*, the word for 'the' is omitted. 'My children', however, would be *i miei figli*.

Adverbs

Adverbs are words used to describe how, why or where something is done.

15 How to form adverbs such as 'exactly' or 'personally'

Adverbs are generally formed by adding *mente* to the feminine form of adjectives eg *esattamente*. **BUT** adjectives ending in *re* or *le* drop the final 'e' before adding *mente* eg *personal(e)mente* = *personalmente*.

NOTE Some adjectives are also used as adverbs. You will often hear people say *esatto* or *certo* where you might expect *esattamente* or *certamente*.

Molto, poco, troppo, tanto, vicino and *lontano* agree with the noun in number and gender when used as adjectives but do not change when used as adverbs.

eg C'è molta confusione qui **adjective**
There's a lot of confusion here
M'interessa molto questo progetto **adverb**
This project interests me greatly
C'è poca probabilità di quello **adjective**
There is little likelihood of that
E' poco probabile **adverb**
It is not very likely

Comparatives and superlatives

16 How to compare people or things

To say 'smaller', for example, you put *più* meaning 'more' before the adjective.

Simonetta è più piccola di Matteo
Simonetta is smaller than Matteo (lit. Simonetta is more small than Matteo)

To say 'less', you put *meno* before the adjective

Simonetta è meno nervosa di Matteo
Simonetta is less stressed than Matteo

And to convey the idea of 'as . . . as' you use either *(così)* . . . *come* or (*tanto*) . . . *quanto.*

or Simonetta è (cosi) intelligente come Matteo
Simonetta è (tanto) intelligente quanto Matteo
Simonetta is as intelligent as Matteo

17 How to say 'the most comfortable', 'the least expensive'

To say 'the most' use *il più* (or *la più*) and 'the least' *il meno* (or *la meno*).

comodo	*comfortable*
più comodo	*more comfortable*
il più comodo	*the most comfortable*
molto comodo/comodissimo	*very comfortable*

costoso	*expensive*
meno costoso	*less expensive*
il meno costoso	*the least expensive*

NOTE   Some adjectives behave irregularly:

buono	*good*
migliore	*better*
il migliore	*the best*
molto buono/ottimo/ buonissimo	*very good*

cattivo	*bad*
peggiore	*worse*
il peggiore	*the worst*
molto cattivo/pessimo	*very bad*

alto	*high*
più alto/superiore	*higher*
il più alto/il massimo	*the highest*
molto alto/altissimo	*very high*

18 How to compare how things are done

In order to say 'more quickly' you use *più* before the adverb.

E' importante ricevere le forniture più rapidamente
It is important to receive the supplies more quickly

To say 'less formally', use *meno* before the adverb.

Mi piace fare le cose meno formalmente
I like doing things less formally

19 How to say 'the best' and 'the worst'

bene	*well*
meglio	*better*
il meglio	*the best*

molto bene/benissimo	*very well*
male	*badly*
peggio	*worse*
il peggio	*the worst*
molto male/malissimo	*very badly*

Pronouns

Pronouns are words such as he/him, she/her or it which are used to avoid repetition of the noun, eg Simonetta phoned Luisa. Simonetta asked Luisa for a brochure. She phoned **her** and asked **her** to send **it** to **her**.

20 When and how to say 'I', 'you', 'he', 'she' etc

Italian is unusual in that one does not usually use the words for 'I', 'you' etc because it is obvious from the ending of the verb which person is doing the action. In fact, you would only use them for emphasis.

io	*I*
tu	*you (Informal. You would use this form for friends, family and colleagues.)*
Lei	*you (Formal. You would use this form for acquaintances and superiors.)*
lui	*he*
lei	*she*
noi	*we*
voi	*you (More than one person.)*
loro	*they*

21 How to say 'me', 'him', etc

mi	*me*	ci	*us*
ti	*you (informal)*	vi	*you*
La	*you (formal)*	li	*them (masculine)*
lo	*him* or *it*	le	*them (feminine)*
la	*her* or *it*		

22 How to say 'to me', 'to him' etc

mi	*to me*	le	*to her*
ti	*to you (informal)*	ci	*to us*
Le	*to you (formal)*	vi	*to you (plural)*
gli	*to him*	gli/loro	*to them*

NOTE 1 'I'm phoning them' can be either *gli telefono* or *telefono loro*.

NOTE 2 Remember that in English the 'to' is not always expressed as in 'I am sending her a brochure' – *le mando un depliant*.

NOTE 3 When introducing someone to a friend, you would say *Ti presento Luisa*, but when introducing someone to an acquaintance, you would use, **Le** *presento il Dottor Matteo Cerulli*.

23 How to say 'of it' or 'of them' and 'there' _____

La sala Raffaello ha sessanta posti e la sala Leonardo ne ha quaranta.
The Raphaello room has sixty places and the Leonardo room has forty (of them).

By using *ne* meaning 'of them' in this sentence, you avoid the repetition of the word *posti,* (places).
Ci means 'there' and is used in expressions such as *c'è* (there is) and *ci sono* (there are) or *ci vado* (I'm going there).

24 How to say 'I am sending it to you, them to her' etc

When you need to use two pronouns together, you have to modify them slightly but they are usually placed before the verb.

mi + lo	= me lo	me lo manda	*he/she is sending it to me*
ti + la	= te la	te la mando	*I am sending it to you (informal)*
le + lo	= glielo	glielo mando	*I am sending it to you (formal)*
gli + la	= gliela	gliela mando	*I am sending it to him*
le + li	= glieli	glieli mando	*I am sending them to her*
ci + li	= ce li	ce li manda	*he/she is sending them to us*
vi + le	= ve le	ve le mando	*I am sending them to you (plural)*
gli + li	= glieli	glieli mando	*I am sending them to them*

NOTE   For cases where the pronouns appear in different positions please see GS 29.

25 How to say 'one' _____

'One' is used very frequently in Italian, eg *si dice* lit. 'one says' but with the meaning of 'it is said'. It is generally used with the 'he/she/it' form of the verb see (GS 28):

Qui si parla inglese
lit. Here one speaks English
English is spoken here

Si discute il problema
lit. One discusses the problem
The problem is being discussed

or with the 'they' form when the noun following it is in the plural, eg *si distribuiscono i dépliant* with the meaning 'the brochures are distributed' or *I filiali si trovano a Bari, a Brescia e a Roma* – the branches are situated in Bari, Brescia and Rome.

26 How to say 'who', 'which', 'that' _____

This is very easy in Italian because it is always *che* in statements.

la segretaria che lavora per Matteo
the secretary who works for Matteo

lo schedario che è nell'ufficio di Camilla
the filing cabinet which is in Camilla's office
dice che manderà . . .
He says that he will send . . .

BUT if you want to ask the question 'who?', you will need to use *chi?*.

chi prepara la presentazione?
who is preparing the presentation?

Verbs

Verbs denote actions or states of being.

27 Regular verbs

Most verbs are regular in Italian, that is they follow a predictable pattern and fall into one of four groups of similar verbs. The groups are distinguished by the endings of the infinitive (that is the form you find in the dictionary).

One group of verbs end in *are*, another in *ere* and finally two groups end in *ire*.

28 Talking about the present

In English we have several ways of talking about the present. We can say 'she is thinking', 'she thinks' and 'does she think?' In Italian, it is possible to use just one form to express all of these: *pensa, pensa, pensa?* Do remember, however, that there are three ways of expressing 'you are thinking' etc depending on the person or persons you are addressing (GS 20). Look out for the informal and plural forms.

A Verbs ending in *are*, eg *pensare* – to think. You should take off the *are* and add the endings as shown. Remember that in Italian, you do not always use 'I', 'you', 'he', 'she' etc so it is very important to know what the correct verb endings are.

pens**are**	
pens**o**	*I think*
pens**i**	*you (informal) think*
pens**a**	*you (formal) think*
pens**a**	*he/she thinks*
pens**iamo**	*we think*
pens**ate**	*you (plural) think*
pens**ano**	*they think*

B Verbs ending in *ere*, eg *vendere*. You should take off the *ere* and add the endings as shown.

vend**ere**
vend**o**	*I sell*
vend**i**	*you (informal) sell*
vend**e**	*you (formal) sell*
vend**e**	*he/she sells*
vend**iamo**	*we sell*
vend**ete**	*you (plural) sell*
vend**ono**	*they sell*

C Verbs ending in *ire*. There are two categories of verbs ending in *ire* and they follow different patterns. With verbs like *partire*, you should take off the *ire* and add the endings as shown.

part**ire**
part**o**	*I leave*
part**i**	*you (informal) leave*
part**e**	*you (formal) leave*
part**e**	*he/she leaves*
part**iamo**	*we leave*
part**ite**	*you (plural) leave*
part**ono**	*they leave*

NOTE Common verbs following this pattern are *aprire* (to open), *dormire* (to sleep), *servire* (to serve), *seguire* (to follow), *sentire* (to hear, feel).

D With verbs like *capire*, you should take off the *ire* and add the endings as shown.

cap**ire**
cap**isco**	*I understand*
cap**isci**	*you (informal) understand*
cap**isce**	*you (formal) understand*
cap**isce**	*he/she understands*
cap**iamo**	*we understand*
cap**ite**	*you (plural) understand*
cap**iscono**	*they understand*

NOTE 1 The majority of *ire* verbs follow this pattern, eg *finire* (to finish), *reagire* (to react). When you come across verbs ending in *ire*, it is advisable to learn which pattern they follow.

NOTE 2 Look at the note on pronunciation and spelling (GS 1). Sometimes the spelling of verbs ending in *care* and *gare* will have to change to respect the sounds of the letter 'c' and 'g', eg *pago* means 'I pay' but *paghiamo* means 'we pay'. The 'h' is introduced to keep the sound of the 'g' hard.

NOTE 3 Verbs ending in *ciare* and *giare* will drop the 'i' before another 'i' or 'e', eg *mangiare* – *mangi* (you eat).

NOTE 4 Other verbs ending in *iare* will also drop the 'i' before another 'i', eg *studiare* – *studi* (you are studying).

29   Irregular verbs

The verbs *essere* (to be) and *avere* (to have).

Like a number of the most commonly used verbs in Italian, *essere* and *avere* are irregular. This means that they do not follow a predictable pattern.

essere	to be	avere	to have
sono	*I am*	ho	*I have*
sei	*you (informal) are*	hai	*you (informal) have*
è	*you (formal) are*	ha	*you (formal) have*
è	*he/she/it is*	ha	*he/she/it has*
siamo	*we are*	abbiamo	*we have*
siete	*you (plural) are*	avete	*you (plural) have*
sono	*they are*	hanno	*they have*

NOTE 1   There is another verb meaning 'be' in Italian and it, too, is irregular. It is mainly used in idiomatic expressions such as *come sta?* 'how are you?', *sto bene* 'I am well', *sto male* 'I am ill.' It is also used with another verb in expressions such as *Luca si sta occupando dell'impianto Luci.*

The verb *fare* – to do

faccio	*I do*
fai	*you (informal) do*
fa	*you (formal) do*
fa	*he/she/it does*
facciamo	*we do*
fate	*you (plural) do*
fanno	*they do*

There are lots of idiomatic expressions with *fare* many of them to do with the weather.

fare bello	*to be fine*	fare colazione	*to have breakfast*
fare brutto	*to be awful*	fare un	*to buy a ticket*
fare caldo	*to be hot*	biglietto	
fare freddo	*to be cold*		

The verbs *potere*, *volere* and *dovere*

	potere	volere	dovere
	can, be able	*wish, want*	*must, have to*
I	posso	voglio	devo
you informal	puoi	vuoi	devi
you formal	può	vuole	deve
he/she/it	può	vuole	deve
we	possiamo	vogliamo	dobbiamo
you plural	potete	volete	dovete
they	possono	vogliono	devono

These verbs are usually used with the infinitive of another verb in order to complete an expression.

Posso avere l'indirizzo?	*Can I have the address?*
Vuole vedere le sale?	*Do you want to see the rooms?*
Devo telefonare in Inghilterra.	*I have to phone England.*
Posso occuparmi della presentazione	*I can take care of the presentation*

NOTE 1   When using the above expressions with pronouns instead of nouns, you have a choice of positions for the pronoun. The second is now more common than the first.

Posso averlo?	*or*	Lo posso avere?
Vuole vederle?	*or*	Le vuole vedere?
Deve telefonarci	*or*	Ci deve telefonare.
Posso occuparmene	*or*	*Me ne posso occupare*

NOTE 2   *ci vuole* and *ci vogliono* are idiomatic phrases expressing need.

ci vuole un'ora	*it takes an hour*
ci vogliono due macchine	*two cars are needed*

30   Reflexive verbs

Some verbs, instead of ending in *are, ere* or *ire*, end in *arsi, ersi* or *irsi*, eg *vestirsi* (to get dressed, lit. to dress oneself). When using these verbs, you should take off the *arsi*, (Group A verbs), *ersi* (Group B verbs) and *irsi* (Group C or D verbs) and add the endings as in Section 28 above. You will also have to use an extra pronoun between the subject and the verb as shown below. These verbs are called reflexives because this pronoun always refers back to the subject.

chiamarsi (to be called, lit. to call oneself)

mi chiam**o**	*I*
ti chiar**mi**	*you informal*
si chiam**a**	*you formal*
si chiam**a**	*he/she/it*
ci chiam**iamo**	*we*
vi chiam**ate**	*you plural*
si chiam**ano**	*they*

31   How to give commands and make suggestions

There are several ways of giving commands in Italian, some more formal than others and all dependent on the person/s you are addressing. Once again the forms reflect the group of verbs they belong to.

A   Verbs ending in *are*, eg *telefonare*

	singular	negative	plural	negative
informal	telefona	non telefonare	telefonate	non telefonate
formal	telefoni	non telefoni	telefonate	non telefonate

let's (not) telephone   (non) telefoniamo

B   Verbs ending in *ere*, eg *prendere*

	singular	negative	plural	negative
informal	prendi	non prendere	prendete	non prendete
formal	prenda	non prenda	prendete	non prendete

let's (not) take   (non) prendiamo

C   Some verbs ending in *ire*, eg *partire*

	singular	negative	plural	negative
informal	parti	non partire	partite	non partite
formal	parta	non parta	partite	non partite

let's (not) leave   (non) partiamo

D   Some verbs ending in *ire*, eg *finire*

	singular	negative	plural	negative
informal	finisci	non finire	finite	non finite
formal	finisca	non finisca	finite	non finite

let's (not) finish   (non) finiamo

NOTE 1   You will often hear commands combined with pronouns eg *telefonami* (telephone me), *non finirlo adesso* (don't finish it now).

NOTE 2   There are several irregular imperatives. The most frequently heard are:

fare (do) commonly used with *mi* (me) in expressions such as *fammi la cortesia di* (informal) or *mi faccia la cortesia di* (formal) both meaning 'do me a favour …!';

dire (tell, say) commonly used with *mi* (me) in expressions such as *dimmi* (informal) or *mi dica* (formal) both meaning 'tell me!';

dare (give) commonly used with *mi* (me) in expressions such as *dammi* (informal) or *mi dia* (formal) both meaning 'give me!'.

32   How to say 'there is' and 'there are' etc

C'è means 'there is' and *ci sono* means 'there are',

eg   *c'è una sala conferenze nell'albergo*
     ci sono due sale conferenze nell'albergo

C'è stato/a means 'there has been' and *ci sono stati/e* 'there have been'.

c'è stato un errore	*there has been a mistake*
ci sono stati ritardi	*there have been delays*

C'era means 'there was' and *c'erano* means 'there were'.

c'era un problema	*there was a problem*
c'erano molte difficoltà	*there were many difficulties*

Ci sarà and *ci saranno* both mean 'there will be'.

ci sarà tempo	*there will be time*
ci saranno occasioni	*there will be opportunities*

33   How to say you like something

In Italian, instead of saying 'I like this book', you would say 'this book is pleasing to me', *mi piace questo libro*. Similarly 'I like these books' would be translated 'these books are pleasing to me', *mi piacciono questi libri*. 'I like working' would be *mi piace lavorare*.

34   Talking about the future

When you want to say you will do something or something will happen, you need to change the form of the verb. The regular forms are as follows.

A   For verbs ending in *are*, eg *parlare*, you will change the *are* to *ere*, remove the final '*e*' and add the endings as follows:

parlare (to speak)	
parl**erò**	*I*
parl**erai**	*you informal*
parl**erà**	*you formal*
parl**erà**	*he/she*
parl**eremo**	*we*
parl**erete**	*you plural*
parl**eranno**	*they*

B, C and **D**   For verbs ending in *ere* and *ire* you will remove the final '*e*' and add the endings as follows:

vendere (to sell)		finire (to finish)	
vend**erò**	*I*	fin**irò**	*I*
vend**erai**	*you informal*	fin**irai**	*you informal*
vend**erà**	*you formal*	fin**irà**	*you formal*
vend**erà**	*he/she*	fin**irà**	*he/she/it*
vend**eremo**	*we*	fin**iremo**	*we*
vend**erete**	*you plural*	fin**irete**	*you*
vend**eranno**	*they*	fin**iranno**	*they*

35 Irregular verbs in the future

Although all verbs in Italian take the same future endings, some are added to an irregular stem.

andare (*to go*)	**andrò**	fare (*to do*)	**farò**
avere (*to have*)	**avrò**	potere (*to be able*)	**potrò**
dovere (*to have to*)	**dovrò**	venire (*to come*)	**verrò**
essere (*to be*)	**sarò**	volere (*to want*)	**vorrò**

Verbs ending in *care* and *gare* will change their spelling in the future to respect the sounds of the 'c' and 'g'.

eg semplificare	semplifi**ch**er	semplifi**ch**erò
pagare	pa**gh**er . . .	pa**gh**erò

Verbs ending in *ciare* and *giare* drop the 'i' before 'e'
eg cominciare   comin**c**erò,   mangiare   man**g**erò

NOTE 1   A more comprehensive list of irregular verbs is to be found at the end of the Grammar.

NOTE 2   In Italian you sometimes use the future where you would use the present in English.

eg Se avrò una risposta domani, manderò un fax
    If I have a reply tomorrow, I will send a fax

36   When the future is NOT used in Italian

You would use the present instead of the future for something that is definitely going to happen in the near future just as we do in English.
eg Ci incontriamo alle tre
    We are meeting at three (lit. we will meet at three)

Where in English you would use a question beginning with 'shall?', in Italian you would use the present tense.

eg Lo faccio io?
    Shall I do it?

37   Talking about the past (1)

As we shall see, there is more than one way of talking about the past. If we wish to say that an action has been completed and that it is over and done with, then we use the form of the verb known as the perfect tense. This corresponds to the English 'I have telephoned' or 'I telephoned'.

38   Regular verbs in the perfect

Most verbs in Italian form their perfect tense by using the present tense of *avere* with another verb which will give the meaning. This is known as the past participle. To form the past participle, you take off *are*, *ere* or *ire* and add the appropriate endings as follows.

telefonare: telefon + ato = telefonato
vendere: vend + uto = venduto
finire: fin + ito = finito

telefon**are**	vend**ere**	fin**ire**
ho telefon**ato**	**ho** vend**uto**	**ho** fin**ito**
hai telefon**ato**	**hai** vend**uto**	**hai** fin**ito**
ha telefon**ato**	**ha** vend**uto**	**ha** fin**ito**
ha telefon**ato**	**ha** vend**uto**	**ha** fin**ito**
abbiamo telefon**ato**	**abbiamo** vend**uto**	**abbiamo** fin**ito**
avete telefon**ato**	**avete** vend**uto**	**avete** fin**ito**
hanno telefon**ato**	**hanno** vend**uto**	**hanno** fin**ito**

39 Irregular verbs

Irregular verbs are unpredictable in the way they form their past participles. Here is a list of the commoner irregular verbs with their past participles.

aprire	(*to open*)	aperto
chiedere	(*to ask*)	chiesto
chiudere	(*to close*)	chiuso
decidere	(*to decide*)	deciso
dire	(*to say*)	detto
discutere	(*to discuss*)	discusso
essere	(*to be*)	stato
fare	(*to do*)	fatto
leggere	(*to read*)	letto
mettere	(*to put*)	messo
morire	(*to die*)	morto
nascere	(*to be born*)	nato
offrire	(*to offer*)	offerto
prendere	(*to take*)	preso
rimanere	(*to remain*)	rimasto
rispondere	(*to reply*)	risposto
spendere	(*to spend*)	speso
tradurre	(*to translate*)	tradotto
vedere	(*to see*)	visto
vivere	(*to live*)	vissuto

40 Verbs using *essere*

Some verbs use *essere* instead of *avere* in order to form the perfect tense. They tend to be verbs which involve movement towards or away from a place.

One important difference between this group of verbs and those which take *avere* is that the past participle eg *andato* is treated as an adjective which describes the subject of the verb. This means that the past participle must agree with the noun or pronoun which is the subject of the verb, changing its ending as required like any other regular four form adjective.

andare (to go)

sono andato(a)	*I went*
sei andato(a)	*you (informal) went*
è andato(a)	*you (formal) went*
è andato	*he went*
è andata	*she went*
siamo andati(e)	*we went*
siete andati(e)	*you (plural) went*
sono andati(e)	*they went*

Here are the most common verbs in this group:

venire	*(to come)*	andare	*(to go)*
entrare	*(to come in)*	uscire	*(to go out)*
salire	*(to go up)*	scendere	*(to go down)*
arrivare	*(to arrive)*	partire	*(to leave)*
rimanere	*(to remain)*	tornare	*(to return)*
nascere	*(to be born)*	morire	*(to die)*

41 Reflexive verbs

Reflexive verbs take *essere*, too, eg *divertirsi* (to enjoy oneself)

mi sono divertito(a)	ci siamo divertiti(e)
ti sei divertito(a)	vi siete divertiti(e)
si è divertito(a)	
si è divertito	si sono divertiti
si è divertita	si sono divertite

42 Talking about the past (2)

When you want to describe things in the past, eg a state of affairs or a state of mind, or when you want to show that an action was continuous or repeated, you will need to use the imperfect tense. You form this tense by taking off the *re* from all the groups of verbs and adding the endings as follows:

parla . . .	ave . . .	capi . . .
parla**vo**	ave**vo**	capi**vo**
parla**vi**	ave**vi**	capi**vi**
parla**va**	ave**va**	capi**va**
parla**va**	ave**va**	capi**va**
parla**vamo**	ave**vamo**	capi**vamo**
parla**vate**	ave**vate**	capi**vate**
parla**vano**	ave**vano**	capi**vano**

43 Irregular verbs in the imperfect

There are not many irregular verbs in the imperfect but *essere*, *fare* and *dire* are three of the most common.

essere	fare	dire
ero	facevo	dicevo
eri	facevi	dicevi
era	faceva	diceva
era	faceva	diceva
eravamo	facevamo	dicevamo
eravate	facevate	dicevate
erano	facevano	dicevano

eg	mentre faceva i conti	*while he was doing the accounts*
	i partecipanti erano in ritardo	*the participants were late*
	come dicevo	*as I was saying*

44 How to say what you would do _____

In order to do this, we use what is called the present conditional tense. It is formed by adding certain endings to the same stem as the future (see GS 34).

confermare	risolvere	distribuire
(*to confirm*)	(*to solve*)	(*to distribute*)
confermerei	risolverei	distribuirei
confermeresti	risolveresti	distribuiresti
confermerebbe	risolverebbe	distribuirebbe
confermerebbe	risolverebbe	distribuirebbe
confermeremmo	risolveremmo	distribuiremmo
confermereste	risolvereste	distribuireste
confermerebbero	risolverebbero	distribuirebbero

NOTE 1 There are many irregular stems and the most common of these are listed under GS 35.

NOTE 2 Remember that for verbs ending in *care* and *gare*, *ciare* and *giare* the spelling will change to respect the sounds of 'c' and 'g' (see GS 35).

45 Saying what you could, should or would like to do

The three verbs *potere*, *dovere* and *volere* are particularly useful because you can use them with the infinitive of other verbs in order to make what you are saying sound more polite or to introduce an element of uncertainty.

eg	potrei telefonare in Inghilterra?	*could I phone England?*
	dovrebbe arrivare prima delle sei	*she should arrive before six o'clock*
	vorremmo vedere la camera	*we would like to see the room*

potere	dovere	volere
potrei	dovrei	vorrei
potresti	dovresti	vorresti
potrebbe	dovrebbe	vorrebbe
potrebbe	dovrebbe	vorrebbe
potremmo	dovremmo	vorremmo
potreste	dovreste	vorreste
potrebbero	dovrebbero	vorrebbero

46   And what if? _____

There is no problem about expressing 'if' in the present in Italian. It is used in exactly the same way as in English.

eg Se sei libero, vorrei parlare della presentazione
    If you are free, I would like to talk about the presentation.

However, the situation becomes much more complicated in the two following situations and a very special verb form has to be used.

1 When the 'if' introduces an unreal condition.

   eg Se **fossi** ricco/a, comprerei una Testarossa
       If I were rich, I would buy a Ferrari Testarossa (but unfortunately I am not rich, therefore it is an unreal condition!)

       Se **avessi** il tempo, andrei a Bologna personalmente.
       If I had the time, I would go to Bologna personally.

2 When the 'if' introduces a veiled suggestion that something should be done.

   eg Se **praticasse** un'ulteriore riduzione, potremmo metterci d'accordo
       If you were to implement a further reduction, we could come to an agreement (in other words 'why don't you give us a further reduction?')

   It is not within the scope of this book to teach these forms but the *fossi* (If I were) and *avessi* (If I had) forms in the examples above are probably the most useful.

47   Negatives _____

In order to make a statement negative, you simply place the word *non* before the verb.

eg	parlo italiano ma non parlo francese	*I speak Italian but I don't speak French*
	non ho parlato con il direttore delle vendite	*I haven't spoken with the sales manager*

In the case of reflexives, the *non* is placed before the reflexive pronoun, eg *non mi alzo molto presto* (I don't get up very early).

When using set expressions such as *c'è* (there is), *ci sono* (there are) and *mi piace* (I like) you do as follows:

non c'è un problema   *there isn't a problem*
non ci sono alternative   *there aren't (any) alternatives*
non mi piace questo stile   *I don't like this style*

In order to say 'not yet' (*non . . . ancora*) you place *non* before the verb and *ancora* after.

eg non ho ancora parlato con Matteo
    I haven't spoken to Matteo yet

The same rule applies for other negative forms such as 'never' *non . . . mai*, eg *non arriva mai in orario* (he never arrives on time); 'no longer' *non . . . più*, eg *non lavora più qui* (she no longer works here).

Passive

48 How to say that something has been, is being or will be done

Instead of asking if someone has done something, we often just need to know if something has been done.

eg E' stato risolto il problema?
    Has the problem been resolved?

All we have to do is use the appropriate tense of the verb *essere* with the required past participle (GS 38). The past participle will change its endings just as a regular four form adjective would do.

eg past   E' stata prenotata la camera?
              Has the room been booked?
present   E' prenotata la camera?
              Is the room booked?
future   Sarà prenotata la camera?
              Will the room be booked?

NOTE   In Italian you will very often find that either *venire* or *andare* is used with the past participle to express the passive: *venire* when a process is being described and *andare* when what usually happens is being referred to.

La colazione viene servita   *Breakfast is served*
I rinfreschi vengono serviti   *Refreshments are served*
Il vino bianco va servito fresco   *White wine is served chilled*

Interrogatives

49 How to ask questions

To ask a simple question requiring a 'yes' or 'no' answer, all you have to do in Italian is to use the appropriate tone of voice.

eg   Sei libero un momento?   *Are you free for a moment?*

Or occasionally you may change the word order if you wish

eg   E' arrivata Luisa?   *Has Luisa arrived?*

Here are some question words which you will find useful:–

chi?	*who?*	perché?	*why?*
che?		come?	*how?*
che cosa?	*what?*	dove?	*where?*
cosa?		quando?	*when?*

If you want to say 'with whom?' or 'for whom?', use *con chi?* or *per chi?*. Similarly, 'for when?' is *per quando?*.

50   How to say 'which?' and 'how many?'

Some question words will need to change according to the persons/s or thing/s they are describing.

eg   Quale macchina preferisce?   *Which car do you prefer?*
      Quali sono le risposte   *Which are the right answers?*
      giuste?
      Quanti posti ha la sala   *How many places has the Rafaello*
      Raffaello?   *room?*

NOTE   You always use *quale/quali?* when a choice between a limited number of things is implied. Otherwise for the more general 'which/what number?', you may use *che numero?*.

Numbers, seasons and dates

51   Cardinal numbers. How to say one, two, three etc

1	uno	11	undici	21	ventuno
2	due	12	dodici	22	ventidue
3	tre	13	tredici	23	ventitré
4	quattro	14	quattordici	24	ventiquattro
5	cinque	15	quindici	25	venticinque
6	sei	16	sedici	26	ventisei
7	sette	17	diciassette	27	ventisette
8	otto	18	diciotto	28	ventotto
9	nove	19	diciannove	29	ventinove
10	dieci	20	venti	30	trenta

40	quaranta	50	cinquanta	60	sessanta
70	settanta	80	ottanta	90	novanta

100	cento	1000	mille
200	duecento	2000	duemila
300	trecento	3000	tremila

1 000 000 un milione   2 000 000 due milioni

1 000 000 000 un miliardo

NOTE 1   Large numbers are written all as one word, eg 22 356 = *ventiduemilatrecentocinquantasei*!

NOTE 2   When writing large numbers, a space should be left to indicate millions, thousands etc, eg 3 567 241.

NOTE 3   When talking about millions, eg 5 million lire one says *cinque milioni di lire*.

NOTE 4   Decimals are written and said as follows: 2,5 *due virgola cinque*.

52   Ordinal numbers. How to say first, second, third etc

1st	primo	6th	sesto
2nd	secondo	7th	settimo
3rd	terzo	8th	ottavo
4th	quarto	9th	nono
5th	quinto	10th	decimo

NOTE   All the ordinal numbers behave as regular four form adjectives.

53   Seasons and seasonal greetings

in primavera	*in Spring*
in estate	*in Summer*
in autunno	*in Autumn*
in inverno	*in Winter*

NOTE   You will also find *d'estate* and *d'inverno* for 'in Summer' and 'in Winter'.

Buon Natale!	*Happy Christmas!*
Felice Anno Nuovo!	*Happy New Year!*
Buona Pasqua!	*Happy Easter!*
Buon Compleanno!	*Happy Birthday!*

54   Dates

The first of the month is *il primo* in Italian but after that cardinal numbers are used eg *il due settembre*.

Table of irregular verbs

	Present		Perfect	Imperfect	Future	Conditional
andare *to go*	vado vai va va	andiamo andate vanno	sono andato/a	andavo	andrò	andrei
avere *to have*	ho hai ha ha	abbiamo avete hanno	ho avuto	avevo	avrò	avrei
chiedere *to ask*			ho chiesto			
convincere *to convince*			ho convinto			
dare *to bring*	do dai dà dà	diamo date danno	ho dato	davo	darò	darei
dire *to tell/say*	dico dici dice dice	diciamo dite dicono	ho detto	dicevo	dirò	direi
discutere *to discuss*			ho discusso			
dovere *to have to*	devo devi deve deve	dobbiamo dovete devono	ho dovuto	dovevo	dovrò	dovrei
essere *to be*	sono sei è è	siamo siete sono	sono stato/a	ero	sarò	sarei
fare *to do/make*	faccio fai fa fa	facciamo fate fanno	ho fatto	facevo	farò	farei
mantenere *to retain*	mantengo mantieni mantiene mantiene	manteniamo mantenete mantengono			manterrò	manterrei

mettere *to put*			ho messo		metterò	metterei
ottenere *to obtain*	ottengo (see mantenere)	otteniamo			otterò	otterei
potere *to be able to*	posso puoi può può	possiamo potete possono			potrò	potrei
prevedere *to foresee*			ho previsto			
proporre *to propose/* *suggest*	propongo proponi propone propone	proponiamo proponete propongono	ho proposto	proponevo	proporrò	proporrei
risolvere *to solve*			ho risolto			
sapere *to know*	so sai sa sa	sappiamo sapete sanno			saprò	saprei
stare *to be (+ other* *meanings)*	sto stai sta sta	stiamo state stanno	sono stato/a	stavo	starò	starei
vedere *to see*			ho visto		vedrò	vedrei
venire *to come*	vengo vieni viene viene	veniamo venite vengono	sono venuto	venivo	verrò	verrei
volere *to wish/want*	voglio vuoi vuole vuole	vogliamo volete vogliono	ho voluto	volevo	vorrò	vorrei

Glossary

Noun genders are given where they are not immediately clear from the noun (m = masculine, f = feminine).

a secondo di   according to
a sua volta   in return
abbastanza   sufficiently, enough
abbigliamento (m)   clothing
abitare   to live
abituale   usual, customary
accedere a   to access
accettare   to accept
accomodarsi   to take a seat
acconsentire a   to agree to
acquistare   to purchase
acquisto (m)   purchase
adatto a   suitable for
addetto (m)   operator
adesso   now
aereo: in —   by plane
aeroporto (m)   airport
affacciarsi   to look on to
affare (m)   business
affermare   to state
affezionato   regular
affidabilità (f)   reliability
affumicato   smoked
agenda (f)   diary
agente (m)   agent
agenzia (f) pubblicitaria   advertising
   agency
agire   to act
agnello (m)   lamb
agricoltura (f)   agriculture
albergo (m)   hotel
alimentazione (f)   food
almeno   at least
ambiente (m)   environment
ambulanza   ambulance
amico (m)   friend
ammirare   to admire
ammodernato   modernised
ampio   large
anche   also, too
andamento (m)   trend
andare   to go
andare a pesca   to go fishing
andata (f)   single
andata e ritorno (m)   return
angolo (m)   corner
annualmente   yearly
annunciare   to announce
annuncio (m)   announcements
antipasto (m)   starter
apparenza (f)   appearance

in —   apparently
appena   as soon as, just
apprezzare   to appreciate
approfittare   to take advantage
appuntamento (m)   appointment
aprire   to open
aria (f)   air
arredamento (m)   interior design
arrivo (m)   arrival
articolo (m)   item
ascoltare   to listen to
aspettare   to wait (for)
assegno (m)   cheque
assente per malattia   on sick leave
assolutamente   absolutely
assomigliare   to resemble
assumere   to undertake
asta (f)   auction sale
astronomico   astronomical
atteggiamento (m)   attitude
attentamente   carefully
attraverso   by means of, through
attrezzato   equipped
attrezzatura (f)   equipment
attuale   current
augurio (m)   wish
aumento (m)   increase
austriaco   Austrian
automobilista (m/f)   driver
autonomia (f)   autonomy
autorizzazione (f)   authorisation
autostrada (f)   motorway
avanguardia: all'a —   in the forefront
avere   to have
avere luogo   to take place
avvenimento (m)   event
avvertire   to call
avvocato (m/f)   lawyer
azienda (f)   firm, company
azione (f)   share

bagno (m)   bathroom
bambina (f)   little girl
bambini (pl)   children
basso   low
basta!   enough!
bene   good, well
benzina (f)   petrol
bianco   white
bianco: in —   blank
birra (f)   beer

birreria (f)   pub
britannico   British
buona volontà   goodwill
buono   good
busta (f)   envelope

CEE   EEC
calendario (m)   calendar
cambiamento (m)   change
camera (f)   room
cameriere (m)   waiter
campagna pubblicitaria   publicity
   campaign
campione (m)   sample
campo (m)   field
canale (m)   channel
caotico   chaotic
capire   to understand
capitare   to happen
capo (m)   head, boss
carabinieri   police
carne (f)   meat
carrello (m)   trolley
carta (f) telefonica   telephone card
cartellone (m)   poster
casa (f)   house
casella (f)   box
casello (m)   booth
catalogo (m)   catalogue
catena (f)   chain
caucasico   Caucasian
cavo (m)   cable
celebrare   to celebrate
cena (f)   supper, dinner
centinaia di   hundreds of
centralinista (m/f)   switchboard operator
cercare   to look for
cerimonia (f)   ceremony
certamente   certainly
certo   certain
chiamarsi   to be called
chiamata (f)   call
chiaramente   clearly
chiaro   clear
chiedere   to ask
cilindrata (f)   horse power
cioccolatino (m)   chocolate
circondato da   surrounded by
città (f)   city, town
clientela (f)   customers

colazione (f)   lunch
collaborazione (f)   collaboration
collega (m/f)   colleague
collegare   to connect
collina (f)   hill
colloquio (m)   interview
colonnina (f) di soccorso   emergency phone (m/way)
cominciare   to begin
commercialista (m/f)   business consultant
commissione (f)   panel
comodamente   comfortably
compagno (m)   companion
compenso: in —   in return
compilare   to fill
compito (m)   task, job
compleanno (m)   birthday
complesso   complex
complimento (m)   compliment
complimenti   congratulations
comprare   to buy
compreso   included
compromesso (m)   compromise
comune a   common to
comunque   however
concedere   to grant
concordare   to agree
conferenziere   speaker
confronto (m)   comparison
congedo (m) di maternità   maternity leave
coniugato   married
conoscenza (f)   knowledge
conoscere   to know, to be acquainted
consegna (f)   delivery
consegnare (f)   to deliver
consentire   to allow
consiglio (m)   advice
consulenza (f)   consultancy
consultare   to consult
contabilità (f)   accounts, accountancy
contare su   to count on
contattare   to contact
contento   pleased
contrario   opposite
controllare   to check
convegno (m)   congress
convinto   persuaded
copia (f)   copy
coppia (f)   pair, couple
correre   to run
correttamente   correctly
corriera (f)   coach
corso (m)   course, avenue
cortesemente   politely
cortile (m)   courtyard
cosa (f)   thing
costare   to cost
costoso   expensive
costruzione (f)   building
costume (m) da bagno   swimming

costume
criteri (m/pl)   criteria
Croce Rossa   Red Cross
crociera (f)   cruise
crudo   raw
cucina (f)   cuisine
cuffia (f)   earphones
cuore (m)   heart
cura (f) del fisico   body care

danese   Danish
dare un'occhiata   to have a look
data (f)   date
datore (m) di lavoro   employer
decidere   to decide
dedicare   to dedicate
denaro (m)   money
denominato   called
dépliant (m)   brochure
descrivere   to describe
destra   right
dettaglio (m)   detail
difendere   to protect
digitare   to dial
dimagrire   to slim
dimenticare   to forget
dipendente (m/f)   employee
dipendere   to depend
diplomato   diploma holder
dire   to tell, to say
direttrice (f)   female director
diritto (m)   right
disappunto (m)   disappointment
discreto   not bad
disdire   to cancel
disegno (m)   drawing
disinquinare   to clean up pollution
disoccupazione (f)   unemployment
disponibile   available
disposto a   prepared to
divertente   amusing
dividere   to share
diviso   divided
doccia (f)   shower
docente (m/f)   teacher, lecturer
dolce (m)   dessert, sweet
domanda (f)   question
domanda (f) di lavoro   job application
domicilio (m)   address
donna (f)   woman
dopo   after
dopodichè   after which
doppio   double
dotato di   equipped with
doti di intraprendenza (f)   entrepreneurial skills
dove   where
dovuto a   due to
dubbio (m)   doubt
dunque   so, then
durata (f)   duration, period
durevole   lasting

eccezionalmente   as an exception
ecco   here is
edilizia (f)   construction
editoria   publishing
editoriale   publishing/editorial
efficiente   efficient, effective
elevato   high
ente (m) comunale   city council
entrambi   both
errore (m)   mistake
esame (m)   exam
esaminare   to examine
esattamente   exactly
esatto   correct
esigenza (f)   requirement
esito (m)   outcome
espansione (f)   expansion
esperienza (f)   experience
esperto   expert
esportare   to export
esportazione (f)   export
esprimere   to express
essere di aiuto   to be of help
essere in grado di   to be able to
est   east
estate (f)   summer
estero   abroad
età (f)   age
eventuale   possible

faccenda (f)   matter
facile   easy
fangoterapia (f)   mud treatments
fare   to do, to make
fare carriera   to have a career
fare la vela   to go sailing
fare roccia   to rock climb
fascia (f) oraria   time band
faticoso   hard, tiring
fattura (f)   invoice
fatturato (m)   turnover
favorevole   favourable
favorire   to encourage, to give
Festa (f) della Donna   Woman's Day
festeggiare   to celebrate
fiducia (f)   trust, confidence
figlia (f)   daughter
figlio (m)   son
filiale (f)   branch
filmato (m)   film
filo (m)   cable
finanziario   financial
fine settimana (m)   weekend
finestra (f)   window
finire   to finish
fiore (m)   flower
firmare   to sign
fisco (m)   tax
forma   shape
in —   in shape
formaggio (m)   cheese

fornitore (m)   supplier
forno: al —   baked
forse   perhaps
fortunato   lucky
fotocopiatrice (f)   photocopier
francese   French
frattempo-nel frattempo   in the
   meantime
frequentare   to frequent
fritto   fried
frutta (f)   fruit
fumare   to smoke
fungo (m)   mushroom
funzionare   to work
fuori moda   outmoded

gamba (f)   leg
gara (f) di nuoto   swimming gala
garantire   to guarantee
generare   generate
gente (f)   people
gestione (f)   management
gestire   to manage
gestore (m/f)   manager
gettone (m)   telephone token
già   already
giacca (f)   jacket
giornata (f)   day
giorno (m)   day
giovane (m/f)   young
giudizio (m)   opinion
giungere a   to reach
giustificato   justified
gradevole   pleasant
gradire   to like
grande   large, big
grande magazzino (m)   store
grandezza (f)   size
grasso   fat
gratificante   gratifying
gratuito   free of charge
grazie   thank you
griglia: alla —   grilled
guasto   fault

IVA   VAT
idraulico (m)   plumber
illuminazione (f)   lighting
illustre   famous
immaginare   to imagine
immergersi   to immerse
impegnarsi   to make a commitment
impegnarsi a   to undertake
impegno (m)   commitment
impero (m)   empire
impianto (m)   installation
impianto (m) di risalita   ski-lifts
imponente   imposing
imponibile (m)   taxable
importare   to import

importazione (f)   import
importo (m)   amount
imposta (f)   tax
imprevisto   unforeseen
in cerca di   in search of
in visita a   visiting
inaugurato   opened
incidente (m)   accident
incluso   included
incontrare   to meet
incontro (m)   meeting
incoraggiare   to encourage
incorporato   incorporated
indicare   to show
indirizzare   to address
indirizzo (m)   address
indovinare   to guess
inesatto   incorrect
infine   finally
informatica   information technology
ingessato   in plaster
ingresso (m)   entrance
inizialmente   initially
iniziativa (f)   event
innamorato (m)   lover
inoltre   in addition
insonorizzato   sound proof
installare   install
installazione (f)   installation
integrità (f)   integrity
intenditore (m)   connoisseur
interattivo   interactive
interessarsi a   to have an interest in
interpellato   interviewed
intervento (m)   speech
intervista (f)   interview
inviare   to send
invitare   to invite
ispirare   to inspire

lago (m)   lake
lancio (m)   launch
lasciare   to leave
laureato   graduate
lavaggio (m)   washing
lavagna luminosa   overhead projector
lavorare   to work
lavoratore (m)   worker
lavori in corso   roadworks
legge (f)   law
leggere   to read
legume (m)   vegetable
lento   slow
lepre (f)   hare
lettera (f)   letter
lettura (f)   reading
libero   free
linea (f)   line, shape
lingua (f)   language
londinese   Londoner
lotto (m)   lot

luce (f)   light
luogo (m)   place
lusso (m)   luxury

macchia (f)   stain
macchina (f)   car
macchinario (m)   machinery
macedonia (f) di frutta   fruit salad
maggioranza (f)   majority
maggiore   main
malinteso (m)   misunderstanding
mancare   to be missing
mandare   to send
mangiare   to eat
manifestazione (f)   event,
   demonstration
manifesto (m)   poster
mano: a —   by hand
mantenere   to retain
manutenzione (f)   maintenance
mare: al —   at the seaside
maschio   male
matrimonio (m)   wedding
meglio   better
meno   less
meraviglioso   wonderful
mercato (m)   market
mercato (m) interno   home market
merce (f)   goods
merci (f pl)   goods
messa (f) a punto   clarification
mestiere (m)   job
mettere al corrente   to let someone know
mettersi d'accordo   to reach an
   agreement
mezza pensione (f)   half board
militesente   exempt from military service
minestra (f)   soup
ministero (m)   ministry
mirare a   to aim at
misura (f)   measure
mobile (m)   furniture item
moda (f)   fashion
modalità (f)   arrangements
modo (m)   way
modulo (m)   form
moglie (f)   wife
mondo (m)   world
montagna (f)   mountain
mostra (f)   exhibition
mostrare   to show
motore (m)   engine
museo (m)   museum

nascere   to be born
nascita (f)   birth
nastro (m)   tape
nave (f)   ship
nebbia (f)   fog
nero   black

nessuno   *nobody*
neve (f)   *snow*
niente   *nothing*
noleggio (m)   *hire*
non più tardi di   *not later than*
nonna (f)   *grandmother*
nord   *north*
normalmente   *normally*
nostro   *our*
nota (f) spese   *expenses form*
notaio (m/f)   *solicitor*
notare   *to notice*
notevole   *remarkable*
notevolmente   *greatly*
notizia (f)   *news*
notiziario (m)   *bulletin*
notte (f)   *night*
notturno   *night*
novità (f)   *news*
nuvoloso   *cloudy*

obbligatorio   *compulsory*
obiettivo (m)   *objective*
occuparsi di   *to see to*
occupato   *busy, engaged*
occupazione (f)   *employment*
offerta (f)   *offer*
offrire   *to offer*
oggetto (m)   *object*
oggi   *today*
olandese   *Dutch*
oltre   *over*
omogeneamente   *equally*
onore (m)   *honour*
operatore (m)   *operator*
opportuno   *appropriate*
ora   *now*
ora (f)   *hour*
ora (f) di punta   *peak time*
ordinazione (f)   *order*
ordine (m) del giorno   *agenda*
organigramma (m)   *organization chart*
organizzare   *to organize*
oroscopo (m)   *horoscope*
ospitare   *to accommodate*
ospite (m/f)   *guest*
ottenere   *to obtain*
ottimo   *very good*
ovest   *west*
ovviamente   *obviously*

pagare   *to pay*
pagina (f)   *page*
palazzo (m)   *building*
pannello (m)   *pinboard*
parcheggio (m)   *parking*
pari opportunità   *equal opportunity*
parlare   *to speak, to talk*
parola (f)   *word*
partecipante (m/f)   *participant*

partecipare   *to take part*
partenza (f)   *departure*
partenza: in —   *leaving*
passeggero (m)   *passenger*
passeggiata (f)   *stroll*
patente (f)   *driving licence*
patrimonio (m)   *assets*
paura (f)   *fear*
pausa (f)   *pause, break*
pedaggio (m)   *toll*
peggiore   *worst*
pensione (f) completa   *full board*
percentuale (f)   *percentage*
perchè   *why, because*
periferico   *in the outskirts*
personale (m)   *personnel, staff*
personalizzato   *personalised*
peso (m)   *weight*
pessimo   *abysmal*
pianificazione (f)   *planning*
piano (m) di studi   *study programme*
pianterreno (m)   *ground floor*
piatto   *flat*
piccolo   *small*
pieno di   *full of*
pieno (m) fare il   *to fill up*
piscina (f)   *swimming pool*
pittore (m)   *painter*
pittoresco   *picturesque*
pollici (m/pl)   *inches*
pollo (m)   *chicken*
poltrona (f)   *armchair*
pomeriggio (m)   *afternoon*
pomodoro (m)   *tomato*
porta (f)   *door*
porto (m) assegnato   *carriage forward*
posto (m)   *place*
posto (m) auto   *parking place*
posto (m) di lavoro   *position*
potenza (f)   *power*
potere   *to be able to*
potere (m)   *power*
praticare   *to effect*
precedente   *previous*
preferibile   *preferable*
prefisso (m)   *telephone code*
prego   *please*
prendere   *to take, to have*
prendere nota   *to make a note*
prenotare   *to book*
prenotazione (f)   *booking*
preoccupante   *worrying*
preoccupazione (f)   *worry*
presa (f) scart   *scart lead*
presentazione (f)   *introduction*
presso   *in, at*
prestigioso   *prestigious*
pretendere   *to expect*
prevedere   *to foresee, to envisage*
preventivo (m)   *quotation*
previsione (f)   *forecast, projection*
prezzo (m)   *price*

prima   *before*
prima colazione (f)   *breakfast*
primo   *first*
primo (m)   *first course*
principalmente   *mainly*
privo di   *without*
produrre   *to produce*
profumo (f)   *perfume*
progetto (m)   *project, plan*
progredire   *to progress*
progressivo   *progressive*
proiezione (f)   *projection*
promettere   *to promise*
pronto   *ready*
proporre   *to propose, to suggest*
prosciutto (m)   *ham*
prossimo   *next*
pubblicità (f)   *publicity*
pulito   *clean, uncluttered*
punto (m) di ristoro   *m/way service area*
punto (m) di vista   *point of view*
puntualmente   *on time*
può darsi   *maybe*
purtroppo   *unfortunately*

quadrato   *square*
qualcosa   *something*
qualifica (f)   *qualification*
qualsiasi   *any*
quindi   *therefore*
quotidiano (m)   *daily newspaper*

raggiungere   *to reach*
raggruppare   *to group*
ragione (f)   *reason*
ragioneria (f)   *accountancy*
rampa (f)   *ramp*
rapporto (m)   *relationship*
rappresentante (m/f)   *agent*
rappresentare   *to represent*
realizzazione (f)   *implementation*
realtà (f) virtuale   *virtual reality*
regolare   *to settle up*
regolarmente   *regularly*
relativo a   *in connection with*
relatore (m)   *speaker*
relazione (f)   *report*
reparto (m)   *section, department*
rete (f)   *network*
retribuito   *paid*
riassumere   *to sum up*
ricavato da   *adapted from*
ricco   *rich, wide*
ricerca (f)   *research*
ricevere   *to receive*
ricevimento (m)   *reception*
ricezione (f)   *reception*
richiedere   *to request*
richiesta (f)   *demand*
richiesto   *in demand*
riconoscere   *to recognise*

riconoscimento (m)   *recognition*
ricordare   *to remember*
rifiutare   *to refuse*
rigenerante   *regenerating*
riguardo a   *in connection with*
rimandare   *to postpone*
rimborsare   *to refund*
rinfresco (m)   *refreshment*
ringraziare   *to thank*
ripetere   *to repeat*
riposarsi   *to rest*
riprendere   *to start again*
risolvere   *to solve, to sort out*
rispetto a   *compared with*
rispondere   *to answer*
risposta (f)   *answer*
ristorazione (f)   *catering*
ristrutturato   *restructured*
ritagliare   *to cut out*
ritenere   *to consider*
ritirare   *to collect, to withdraw*
ritornare   *to return*
riunione (f)   *meeting*
riuscire   *to succeed*
   to manage
rovescio (m)   *downpour*
rustico   *country-style*

sala (f) conferenze   *conference room*
salario (m)   *salary*
saletta (f)   *small room*
salire   *to go (upstairs)*
salone (m)   *lounge*
salsa (f)   *sauce*
salutare   *to say hello/goodbye*
salute (f)   *health*
saluto (m)   *greeting*
salvaguardare   *to safeguard*
saper vivere (m)   *etiquette*
sbagliare   *to be mistaken*
sbagliato   *wrong*
sbaglio (m)   *mistake*
scadenza (f)   *deadline, due date*
scelta (f)   *choice*
scheda (f) di valutazione   *evaluation form*
schermo (m)   *screen*
sci (m) nautico   *water ski*
sciatore (m)   *skier*
sciopero   *strike*
sconto (m)   *discount*
scoprire   *to discover*
scrivere   *to write*
scuola (f)   *school*
scusare   *to excuse*
se stesso   *oneself*
secondo (m)   *main dish*
secondo   *according to*
sede (f)   *head office*
sedia a rotelle   *wheelchair*
segnalare   *to raise, to point out*
segno (m)   *sign*

segretaria (f)   *secretary*
seguire   *to follow*
selezionare   *to select*
sembrare   *to seem, to appear*
semicerchio   *semicircle*
semplificare   *to simplify*
sempre   *always*
senza piombo   *lead-free*
sera (f)   *evening*
servire   *to serve*
settimana (f)   *week*
settimanale   *weekly*
settimanale (m)   *weekly newspaper*
sfavorevole   *unfavourable*
sicuramente   *surely*
silenzioso   *quiet*
sindacato (m)   *trade union*
singolo   *single*
sinistra   *left*
sintonizzatore (m)   *tuner*
soddisfacente   *satisfactory*
soddisfatto   *satisfied*
soddisfazione (f)   *satisfaction*
solito: del —   *usual*
sollecitare   *to urge*
sollecito   *attentive*
solo   *only*
solo: da —   *alone*
sondaggio (m)   *survey*
soprattutto   *above all*
sorella (f) —   *sister*
sorridere   *to smile*
sorveglianza (f)   *security*
sostanziale   *essential, substantial*
sostituire   *to change*
sotterraneo   *underground*
sotto   *below*
spagnolo   *Spanish*
spedizione (f)   *delivery*
spedizioniere (m)   *courier*
spendere   *to spend*
sperare   *to hope*
spesa (f)   *expense, expenditure*
spettacolo (m)   *show*
spiegare   *explain*
sposa (f)   *bride*
sposato   *married*
sposo (m)   *bridegroom*
stagionale   *seasonal*
stampa (f)   *press*
stampare   *to print*
stanco   *tired*
stare per   *to be about to*
statistico (m/f)   *statistician*
stazione (f) sciistica   *ski resort*
stazione (f) termale   *spa resort*
sterlina (f)   *UK pound*
stile (m)   *style*
stimolante   *stimulating*
strada (f)/stradale   *road*
straniero   *foreign*
strategia (f)   *strategy*

struttura (f)
   organizzativa   *infrastructure*
studi (m pl)   *education*
subito   *immediately*
sud   *south*
suggerimento (m)   *suggestion*
suggestivo   *evocative*
svolgere   *to carry out*

tabella (f)   *table*
taccuino (m)   *notebook*
tappeto (m)   *carpet*
targa (f)   *car number plate*
tariffa   *tariff, rate, fee*
tedesco   *German*
telecomando (m)   *remote controller*
telefonare a   *to phone*
telefono (m)   *telephone*
televisore (m)   *TV set*
tempo (m)   *weather*
tempo parziale   *part-time*
tempo pieno   *full-time*
tempo (m)   *time*
tempo (m) libero   *leisure*
temporale (m)   *storm*
tenero   *tender*
terminare   *to end*
territorio (m)   *territory*
terzi (m pl)   *third parties*
terzo   *third*
tessera (f)   *card*
tessile (m)   *textile*
tollerare   *to tolerate*
traduzione (f)   *translation*
traffico (m)   *traffic*
tramite   *by means of*
tramonto (m)   *sunset*
trarre vantaggi   *to derive benefits*
trasferire   *to transfer*
trasferirsi   *to move to a different town*
trascolare   *to move to a different address*
trasloco (m)   *removal*
trasmettere   *to transmit*
trasporto (m)   *transport, delivery*
trattare   *to bargain, to negotiate*
trattarsi di   *to be about*
treno (m)   *train*
trovare   *to find*
trovarsi   *to be situated*
tutelare   *to safeguard*

ubicato   *located*
ufficio (m)   *office*
uguaglianza (f)   *equality*
uguale   *same*
ulteriore   *further*
ultimo   *last*
unico   *unique*
usufruire   *to benefit*
utente (m/f)   *user*
utile   *useful*

vacanza (f)   *holiday*
valere   *to be valid*
valigia (f)   *suitcase*
valuta (f)   *currency*
valutare   *evaluate*
vantaggio (m)   *advantage*
vedere   *to see*
vendita (f)   *sale*
vento (m)   *wind*
verde   *green*

verificare   *to check*
vero   *true*
vetrata (f)   *glass window*
viaggiare   *to travel*
vice (m/f)   *deputy*
vicino a   *close to*
videocamera (f)   *camcorder*
videoregistratore (m)   *videorecorder*
videoteca (f)   *video library*
Vigili del Fuoco   *fire brigade*

vino (m)   *wine*
vita (f) di relazione   *social life*
vita (f)   *life*
volentieri   *with pleasure*
volere   *to wish, to want*
volo (m)   *flight*

zona (f)   *area*
zucchero (m)   *sugar*

Acknowledgements

We would like to thank our respective families for their support and encouragement during the writing of this book. Our special thanks go to Bob Powell for reading the proofs and for his helpful suggestions; to Costantino Panarese for providing us with valuable realia; to Sergio Lo Monaco for providing us with valuable realia, and for painstakingly reading and commenting on the proofs; and to Rossella Catalisano Lo Monaco for answering queries on technical points.

Finally, thanks to all our students, especially the BTEC students at the City of Liverpool Community College and at the City of Bath College of Further Education, for acting as guinea pigs for the material at various stages.

The authors and publishers would like to thank the following for the use of material in this volume: Casa Kit, Balduzi & Morisi, Foto Bragaglia and Pitagora for the adverts on p. 10; Partito la Rete for the voting slip on p. 13; Azienda di Promazione Tuasta for the hotel guides and tariffs in *Tariffe Alberghiere 1992* on p. 22 and 23; Enti Provincali per il Turismo and NHB Bologna for the maps on p. 28; *Qui Touring* for the material on p. 40 and p. 42; Alitalia Linee Aeree Italiane spa for the adverts for Videotel and Alitalia on p. 49 and p. 99; Grand Hotel Bologna for the advert on p. 53; *Pronto Touring* for the material on pp. 55–6; Fazioli Pianoforti srl and Italgel spa for the adverts on p. 58; Trattoria da Adolfo, Video Pub Birreria Fratelli Pollacci, Carlos, Osvaldo Store and Brasil Club for the adverts on p. 59; Istituti Vendite Giudiziarie for the advert on p. 70; CP, Programma Italia and Societa di Consulenza for the job adverts on pp. 71–2; Dipartimento per l'informazione e l'editoria della Prezidenza del Consiglio for the table *Quaderni Istat 1988 -Conescere l'Italia* on p. 73; Ferrari Carlo & Co. sdf for the tables from *Un Ospite a Bologna* on p. 74 and p. 75; SEAT Divisione STET spa for the map from *Pagine Gialle* on p. 87; Viacard for the advert on p. 87; Case editrice TONI for the material from *L'automobile e la circolazione* on p. 87 and p. 88; TNT Traco for the advert on p. 101; Christof Stoll GmbH & Co. KG for the advert for Sedus srl on p. 104; Reggia Palace Hotel for the advert on p. 107; Buffetti srl for the material from *Modulistica* on p. 108 and p. 109; *Class* for the table on p. 113; ESTE srl for the cartoon on p. 116 and the table from *Uomini & Business* on p. 117; *Corriere della sera* for the graphs on p. 116; Servizi e Informazioni alle Attività Turistiche for the material from *Bologna Vuoi* on p. 118; *Mondo Economico* for the table on p. 122; Tourist board of Provincia di Bologna for the material on p. 125; Cesma for the advert on p. 128; Bolognafiere for the leaflet on pp. 129–130; SIP for the material on p. 130 and the advert on p. 136; Editore STET for the material on p. 131; Silvio Francesco Ceccotti for the horoscope on p. 132; and finally, *L'espresso* for the cartoons from *Computer, arriva il tuttofare* on pp. 144–5.